鬼時短

電通で[illegible]プ」を実現した8鉄則

Augmentation Bridge（AB社）代表
元電通「労働環境改革本部」室長
小柳はじめ

東洋経済新報社

「鬼時短」は
あなたとあなたの会社が
選ばれ続けるために
生まれ変わる第一歩である

現場が抵抗する理由を考える	「現場が抵抗するのは『甘え』があるからだ」と思い込んでいないか
現場が抵抗する主な理由	①これまで現場を支えてきたという責任と気概
	②人件費削減のためではないかという疑念
	③キーボード入力ができないという負い目

鉄則３　現場の主は社長が自分で口説こう

やること	チェックポイント
現場の「主」を口説く	社長自ら面談を申し入れる
	社長自ら１対１で「主」と会って、面と向かって話す
「主」に伝えるメッセージ	①自らの責任で、自ら指揮をとって改革を進める
	②「主」の知恵を借りたいとお願いする
	③「主」にとりまとめのリスクを押しつけることはしない
「説明会」を開催する	開催の前に「主」の理解を得る
	説明する幹部が「失言」しないよう、教育する
	「失言」しそうな幹部は、説明役から外す
	説明の時間の２倍、質疑応答の時間を設ける

鉄則４　現場の「すべて」を肯定しよう

やること	チェックポイント
業務にかかっている時間の「現状把握」をする	現場に「ムダな業務」をリストアップさせてはいけない
	業務単位ではなく、その業務を構成する「工程」単位に分解する
	期間は「月間」を基準とし、それより頻度が少ない業務は別途把握する

鬼時短「やること」リスト

鉄則1　社長は「私欲」で訴えよう	
やること	チェックポイント
「心の底からの欲求」で改革する	本気で会社が変わることを望んでいるか
	ついてこられない社員が相当数いるのもやむを得ないと思っているか
	社員へのメッセージに社長の「正直な私欲」が見えるか
メッセージを繰り返し伝える	あらゆる機会を通じて一貫したメッセージを発信しているか
	相手や状況に応じた伝え方の工夫をしているか
面従腹背を封じる	面従腹背をやめるように、社員に訴えているか
	役員・幹部レベルの面従腹背に、断固とした対応ができるか
	役員・幹部レベルの面従腹背を通報するよう、現場に通達したか
言ってはいけないNGワード	①現場で考えろ
	②うまくやれ
	③それをどうにかするのがきみたちの仕事だろう
社長からのメッセージのポイント	①具体的な施策を、トップダウンで指示させてもらう
	②その施策は現場にとって「少しだけがんばればできること」に限定する
	③トップダウン期間には期限を設ける

鉄則2　現場が抵抗する「本当の理由」を理解しよう	
やること	チェックポイント
現場が抵抗する理由を考える	「時短はみんな喜ぶはずだ」と勝手に考えていないか

鉄則 6　改革の「本質的価値」は語らない	
やること	チェックポイント
小さな成功体験を経験してもらう	改革の「本質的価値」は語らない
	「べき論」を押しつけない
	劇的な変化（トランスフォーム）ではなく、自社の強みをさらに伸ばす「拡張」で改革する

鉄則 7 「結果」で納得を得よう	
やること	チェックポイント
KPI を設定して 1 つずつクリアしてもらう	社員の仕事を小さなステップに切り分け、KPI を設定する
	KPI は「少し努力すれば達成できる」ものにする
	「一律目標」は絶対に NG、それぞれの事情に配慮する

鉄則 8 「内部統制」という言い訳を封じよう	
やること	チェックポイント
トップが内部統制チームと話をする	内部統制チームが改革に前向きになるよう説得する
	内部統制チームから現場に「改革に前向きである」というメッセージを出させる
社外の内部統制専門家を探す	素人だけで内部統制を決めさせない
	「どこまで手を抜いていいか」を教えてくれるプロを探す
稟議システムを刷新する	「噴水型稟議システム」導入を検討させてみる
	刷新に伴う反応で、幹部の能力を評価できる

会社として統一の「工程一覧」を作成する	「主」に聞き取り調査をする
	工程を細分化しすぎないよう、2カ月以上かけないようにする
調査票に回答してもらう	「みながきちんと回答してくれる」と楽観しない
	回答を渋る声があがっても、粘り強く説得を試みる
回答結果をもとに部署ごとにミーティングする	現状を否定するような発言は絶対にしない
	現場から時短策の提案があるのを辛抱強く待つ

鉄則5　トラブル処理は「すべて」引き受けよう

やること	チェックポイント
全業務を「社内で完結」「社外と協働」に分ける	「社内で完結」は以下の順番で検討する ①自動化やアウトソーシング ②工程そのものをなくす ③業務自体をなくす
	「社外と協働」は以下の順番で検討する ①業務自体をなくす ②自動化やアウトソーシング
社外とのトラブルはトップ自ら対応する	社外とのトラブルへの対応を現場に丸投げするのは絶対にNG
	トップ自らトラブル対応することで《現場》に覚悟を示す
「ミス後の時短」を進める	改革によって一時的に増えるミスは、咎めない
	トップ自らが「ミスの後始末」の責任者になる
現場のミスを減らす	「ミス後の処理の時短」ができるまで、「ミスそのものの削減」には取り組まない
	すべての作業には「かならず」ミスが含まれているという前提を共有する
	「ミスを責める」風土を徹底的に排除する

ツノがない《鬼》

東京・雑司ヶ谷の鬼子母神堂では、額の「鬼」の字にツノがありません。他人の子を喰らう「悪鬼」だった鬼子母神は、お釈迦様の説教によって「強力な善神」に変わり、鬼の字からツノが取れたといいます。

本書の表紙タイトルも「ツノがない《鬼》」をデザインしました。かつての「悪鬼」ぶりは捨て去って、しかし鬼気迫るパワーはそのままに『善』を追求するという、筆者が考える新しい経営者のあり方を象徴したものです。

はじめに　経営陣のみなさん、いまこそ「時短」すべきです

この本は、経営陣のみなさんや経営陣をサポートするみなさんが、**真剣に貴社の「時短」を考えるきっかけとしていただくため**に書きました。

2017年から「働き方改革」が本格化すると、たくさんの「改革ノウハウ」が世に現れました。

エクセルを駆使しよう、カレンダーアプリを共有しよう、メールを短くしよう……ネットや書籍には「時短術」があふれています。

この本は、そのようなノウハウ集とは少し違います。この数年間、**多くの企業が「働き方改革」を始めたのに、なぜいまひとつ成果が出ていないのか、その根本の原因**を読者のみなさんと一緒に考えるための1冊です。

私はこれまで、多くの企業の「時短」に取り組んできました。

最初の機会は、30年以上勤務した電通で、4年間グループ会社に出向したときです。そこで**利益率を向上させつつ、残業時間を大幅に短縮する**という経験をしました。

その後、電通本社に帰任し、労働環境改革プロジェクトに参加。**2年間で残業時間が半分以下に激減**していくのを目のあたりにしました。

4年前に独立してからは、**コンサルタントとして企業に「時短から始める企業改革」のアドバイス**をしています。その手法はシンプルで、以下の3つを、「経営陣に」口をすっぱくして言い続けることです。

①時短は「社員のムダな動きをやめさせる」ことではない
②時短は「会社が社員に強いているムダをなくす」ことである
③時短は「会社から社員への最高のもてなし（リスペクト）」である

考えてみてください。入社したその日から、「これから定年まで、いかにムダに時間を浪費してやろうか」と考えている社員なんていません。

しかし会社の「お作法」を叩き込まれるうちに、**「なるほど、会社の求めるムダを、イ**

ヤな顔ひとつせずこなしていくことが、いちばん大切なんだな」と気づきます。いつしかその社員も「会社が強いるムダ」に多くの時間を割くようになり、そして**後輩たちにも「ムダのお作法」を教える側**に回ります。

そこにある日突然、あなたのような経営陣から「わが社も時短しなければならなくなった」と言われる。**「自分たちのムダを列挙しなさい、そしてそれらをやめる方法を自分たちで考えなさい」**と。

社員のみなさんが「ハイわかりました、私たちのムダはこれこれです、今日からあっさりやめます」などと、**素直に従うはずがありません。**

ほとんどの社員は、入社以来これまで長年をかけて、というか文字どおり会社員人生を懸けて、ご自身たちを**「会社が求めるムダ」に最適化する**ことに専念してこられたのです。急にそれを否定されて、二つ返事で応じられるはずがありません。

そういう社員たちを、あなたたち経営者はこんなふうに評しますよね。**「彼らは、とにかく変化を恐れ、惰性を好む。われわれと違って経営マインドが足りないからだ」**。

あたりまえではありませんか。経営マインドにあふれていたら、他人の「雇われ人」は務まりません。仮におとなしく務めてくれたとして、経営者のあなたからは「頼もしい」

と認められるかもしれませんが、直属の上長や同僚たちにとっては迷惑以外の何ものでもなく、すぐに居場所がなくなります。

社員のみなさんは、急に「時短」を求めだした経営陣に対して、いっせいに同じことを感じるはずです。

「時短？　ムダ？　よく言うよ」「どの口が言ってる？」

とくにあなたがサラリーマン経営者で、社員からの内部昇格である場合は、「昔の自分を棚に上げて、まぁ、よく言うよ」のひとことに尽きます。

また、あなたがオーナー経営者であれば、「いままでずーっと事業のことはわれわれに『丸投げ』してきて、現場の実務を何ひとつ知らないくせに、『ムダを列挙しろ、撲滅しろ』とは何ごとだ」ということです。

そんなわけなので、あなたたち経営陣が必死に時短を呼びかけようと、社員のみなさん

がとる態度は、

「面従腹背」

その一択です。

どうせ経営陣は、誰かから何かを吹き込まれたに違いない。これまでも思いつきで「改革」と言い出したことは何回もあったが、毎度**半年もすると熱はすっかり冷めていた。**今回も同じだろう。

しかも経営陣は、自分自身で「改革」を手掛けることはない。**いつでも誰かを「担当者」に指名して、丸投げする。**

そしてその「担当者」も、へたに社内で敵をつくったりしたら大損だから、熱が冷めるまでひたすら時間を稼いでいるだけだ。「社内ヒアリング」「アンケート」「第2回ヒアリング」「第3回アンケート」なんかをダラダラと続けて……。

かといって、みなさんにそのことを直言するほどの社員もいません。言いにくいことですが、**あなたに対してそこまで大きなリスクを冒しても、得られそうなリターンはあまり大きくない**からです。

では、どうすればいいのでしょうか。御社では「時短」は不可能なのでしょうか。

そんなことはありません。**冒頭に挙げた「3つの原則」を貫けば、劇的な「時短」が達成できるだけでなく、会社が驚くほど変わり始めます。**

本書では単なる「ノウハウ」ではなく、「ノウハウを活かす」ために必要な経営者の「覚悟」を、みなさんと考えていきたいと思います。

まずは、私が「長時間労働の象徴」と社会から非難された電通本社の「時短」にかかわることになった経緯から、ご説明します。

『鬼時短』目次

鉄則1　社長は「私欲」で訴えよう

鉄則2　現場が抵抗する「本当の理由」を理解しよう

鉄則3　現場の主は社長が自分で口説こう

鉄則4　現場の「すべて」を肯定しよう

鉄則5 トラブル処理は「すべて」引き受けよう

鉄則6 改革の「本質的価値」は語らない

鉄則7 「結果」で納得を得よう

鉄則8 「内部統制」という言い訳を封じよう

序章

「社長特命」が下った日

「時短」の特命が下った日

２０１６年10月19日の午後、私は都心に完成したばかりの巨大オフィスビルにいました。取引先企業の新社屋移転記念パーティーに呼ばれていたのです。

ひととおりご挨拶をすませ、ライバル企業の社長さんと雑談していると、携帯電話が鳴りました。番号は電通の役員「山本さん」の秘書でした。

「山本さんが、『いますぐ来られますか？』とおっしゃっているのですけれど、汐留まですぐに来ていただけます？」

「わかりました。すぐ行きます」

取引先に中座の非礼を詫びると、私はタクシーに飛び乗りました。

「汐留の電通ビルまでお願いします」

目的地までの車中、山本さんが急に私を呼び出した意図に思いを巡らせていました。もちろん**「あのこと」以外にあり得ない**だろうと……。

電通の常務執行役員だった山本敏博さん（のちに社長）は、自室で私を座らせるやこう告げました。

「労働環境改革を、会社の最優先事項として全力でやる。私自身が責任者となって、指揮をとるつもりだ。小柳、きみも手伝ってほしい。いますぐ出向先の子会社から電通本社に帰任してくれ」

やっぱり「あのこと」でした。

当時、電通は日本中から厳しい批判を浴びせられていました。前年2015年の12月、新入社員の高橋まつりさんが自ら命を絶つ（享年24）という、あってはならない事件が起きたのです。2016年9月に、高橋さんの死は労働基準監督署から過労死と認定されましたが、その原因の1つとして挙げられたのが、**電通の社内で常態化していた長時間労働**でした。

電通は過去にも何度か、労基署から長時間労働の是正勧告を受けたことがありました。しかし、「是正」はなかなか実行されてはいなかったのです。

目の前にいる山本さんからは、改革に臨む不退転の決意がひしひしと伝わってきました。

そんな山本さんに、私はこう答えました。

「お声がけありがとうございます。**私は、『時短』のための改善ならばお手伝いができます**。ただし、1つだけ条件を出させていただけませんか？」

電通のグループ会社で「労働環境の改善」を実現

山本さんに出した「条件」については後にご紹介するとして、まずは当時の私が置かれていた立場について少し触れておきましょう。

私はバブル絶頂直前の1988年、電通に入社しました。新入社員としてテレビ広告の部署に配属されると、そこでは山本さんが7つ上の先輩として活躍していました。

その後、私は営業部門や経理部門などの勤務を経て、2013年からインターネット広告を扱うグループ会社に出向。2016年当時は代表取締役副社長兼CFO（最高財務責任者）を務めていました。

そもそも私が電通からグループ会社に出向した理由の1つに、同社の**「労働環境の改善」**がありました。

ネット広告市場の拡大とともに同社の業績も拡大していました。しかし社内の労働環境はけっしてほめられたものではありませんでした。長時間労働や深夜残業が常態化しており、社員の離職率も高かった。いわゆる**「ブラック企業」になりかかっていた**のです。

そんな労働環境を改善するというミッションを与えられて出向した私は、そこで社長をはじめ多くの仲間と、さまざまな改革を実施しました。１０００人を超える社員たちとともに、時には企業小説やドラマのような修羅場をくぐり抜けながら、4年間で同社の労働環境は大幅に改善しました。

労働時間や残業時間が削減されていく中で利益率が向上したため、時間あたりの生産性が月を追うごとに上がっていきました。当時すでにデジタル広告業界はたいへんな人手不足となっていましたが、同社は求人サイトでも人気が急上昇。まさに労働環境の改善による好循環でした。

電通グループ内でも「あの会社で何が起きているんだ？」と話題になりましたが、中にはそれを快く思わない人たちもいました。

「うちの部下が深夜に緊急の案件で電話しても、誰も出なくて困ったそうですよ。小柳さんは副社長として、そういうサービスレベルで本当にいいとお考えなんですか？」

本社の後輩から、こんな嫌味を言われたことも一度や二度ではありません。

彼らが悪いわけではなく、出向前の本社勤務しか知らない私なら、やはり同じように感じたと思います。もちろん「普通に」考えれば、夜中のオフィスに電話したって誰も出ないのはあたりまえ……しかし私たち、当時の電通社員には、**「普通の方々にはマネできない苛烈な働きぶりだからこそ、取引先から格別の信頼をいただいてきた」**という自負がありました。

つまり当時、電通本社だけでなくグループ全体に**「卓越したサービスを提供するために、長時間労働は当然の必要条件」という文化が根づいていた**のもたしかです。そこに突然、社員の労働時間短縮と会社の業績アップを両立させつつあるグループ会社が現れたのですから、「おまえらだけ『普通』になって、それでいいと思っているのか」と批判を浴びるのは当然でした。ただ、覚悟のうえとはいえ、だいぶこたえました。

電通の長時間労働文化が社会から批判の嵐を浴びるようになったのは、ちょうどそんなときだったのです。

改革に参加するにあたって出した「条件」

山本さんから「改革を手伝ってくれ」と告げられた瞬間、私の頭の中では「できない理由」がフラッシュしました。

グループ会社で改善の実績があがっていたとはいえ、あくまでも親会社から子会社へ出向した副社長という強い立場があったからこそであり、しかも社長以下プロパーの幹部をはじめ全社をあげて「この機会に会社を変えよう」という空気に満ちていたのです。

それに対して山本さんのチャレンジは、**グループ会社のわれわれを「抜け駆けする気か」と冷ややかに見ていた電通本社が舞台**です。

それも、けっして卑小な嫉妬などではなく、**「電通の競争力は、『普通の企業さん』では考えられないハードワークに支えられている」**という信念からくるものです。

「クライアントだけでなく、国内外のパートナー企業さんたちも、超人的なハードワークあってこそわれわれを信頼し、リスペクトしてくれている」

「斬新なクリエイティビティも、最先端のマーケティング手法も、質・量ともに圧倒的な仕事ぶりがあってこそ説得力が増す」

それは新卒で就職してからずっと叩き込まれてきた「思想」であり、「心のよりどころ」でした。

そんな信念に固くおおわれた電通に、自分は何ができるのだろうか……。私は1つの条件を述べさせてもらいました。

「会社の『文化』は変わらない。それを前提に**業務時間の削減『だけ』に取り組む**ということで、よろしいですか?」

「文化」は変わらないし、変えようとしてはいけない

「会社の『文化』は容易には変わらないし、多くの会社では変えるべきでもない」

これは、私が電通入社以来30年近くにわたって、本当に多くの企業にかかわらせていただいた経験から学んだ、貴重な確信でした。

そしてとりわけ、電通の企業文化は他社に類を見ないほど強烈です。

「電通の文化まで変えるのは、無理です。それは私なんかより山本さんがよくよくご存じのはずです。

ですが、**この改革では電通の『文化』を変えない前提で、『時短』だけにフォーカスする**ということであれば、私にもお手伝いできます」

山本さんはすぐに「もちろん、それでいい」と同意してくれました。

企業の「改革」の多くが、道半ばで頓挫します。それは、意識してか無意識か、**会社や業界の「文化」という巨大な「虎の尾」を踏んでしまうから**だと私は考えています。

仮に経営陣がガラッと刷新されても、社員の大半がそのまま残っているなら、企業の「文化が変わる」ことはけっしてありません。新しい経営陣が文化をむりやり変えようとすれば、社員たちの心身がたちまち悲鳴をあげます。

私の出向先が改善に成功したのも、経営陣が「会社の文化を変える」という虎の尾を踏まずに、**具体的な時短策を1つひとつ地道に実施することだけ**にターゲットを絞ったから。そしてそれを、当時の電通本社の経営陣が株主として支持してくれたからでした。

山本さんは、「文化を変えようとせずに、『時短』だけに取り組む」ことにすぐに同意してくれました。その理由の1つには、何ごとにも抽象的なかけ声だけでなく具体的な施策を求める、という山本さんの仕事哲学がありました。

そしてもう1つは、「期限」です。

「この労働環境改革は、1年で終わるような簡単なものではない。だが、改革に3年もかけるわけにはいかない。2年でやり切ることにする」

山本さんが**最初からしっかりと期限を定めていた**ことは、プロジェクトにとって非常に大きな意味がありました。限られた時間の中で、やるべきことの「優先順位」をつけ、時間を使っても実りの少ない施策には手を出さない。いたずらに「理想の『ありたき姿』を追いかける」ようなことはしない。

このため山本さんは、「文化を変える」という虎の尾を踏むことなしに、具体的な時短施策だけにフォーカスしろ、と明確な指示を私に与えたのでしょう。

しかし、おそらく山本さんには、さらなる確信があったのだと思います。それは、**「企業は『時短』に成功すると、自然と『文化』までもが変わり始める」**ということです。

私はそのあと電通から独立して手掛けた多くの「時短」プロジェクトで、この事実を何度も目の当たりにすることになります。

その日から2カ月半ほどたった翌年1月、山本さんは社長に就任。同時に労働環境改革本部長に就いた山本さんは、労働時間について**「業務時間は30％削減する。しかし、仕事**

の質を落とさず、むしろプラスアルファを生み出す」と目標を掲げました

こうして、電通の労働環境改革プロジェクトがスタートしました。

優秀なメンバーを改革チームに巻き込んでいく

労働環境改革の対象は、電通グループの中の株式会社電通です。東京本社に加えて関西支社と中部支社もあり、社員数は6000人を超える巨大組織でした。

対する改革チームは、2016年10月末時点では、私1人でした。それもグループ会社の代表取締役副社長という立場も兼任しながらです。

帰任を控えて取引先への挨拶や業務の引き継ぎなどをこなしながら、労働時間削減への取り組みをスタートしました。

改革プロジェクトに何よりも必要なのは推進メンバーです。まずは出向先の多大な理解を得て、私と近いところで働いていて仕事の進め方なども熟知してくれている2名の方に、私の帰任とともに電通に出向していただきました。彼らの人生を変えてしまうかもしれないというプレッシャーを感じました。

それを手始めに、電通社内やグループ会社など、あらゆるところから多くの人材に集まっていただきました。私がリーダーを務めた「ビジネスプロセスマネジメント局・業務推進室」は、最盛期には100人近くの陣容となっていきます。

まったく資本関係がない外部の企業や、コンサルティングファームにもお願いにあがりました。各社とも快く、**優秀な人材をどんどん参加させてくださいました。**当時、電通の長時間労働の問題がそれだけ社会的注目を集めていたという証左だと思います。

複数のファームから参加してくださったコンサルタントの方々に、私はこう頭を下げました。

「あなたたち同士は競合ですが、このプロジェクトに関しては、私たちとともにワン・チームでやってもらいたいのです。どうかよろしくお願いします」

改革プロジェクトには続々とすばらしいメンバーが参加してくださいました。

しかし、**電通社内の行く先々の部署で「時短」への取り組みを説明するたびに、返ってきたのは厳しい反応でした。**

「業務削減をやらなきゃいけないのはわかる。けど、何をどうすればいい？」

「私たちが早く帰りたくても、クライアントさんがまだ残っておられるのに、先に帰れるわけがないでしょう？」

「小柳さん、あなただってよくわかってるでしょ？　ウチだけが『今日から時短します』って言っても、いっしょに闘っている協力会社のみなさんに『あとヨロシク』ってのは、あり得ないんだよ」

夜10時、電通ビルの灯が消えた

会社はまず、**「時短改革によって人件費を削減させることはない」という宣言**を発しました。

「残業代稼ぎ」と言うと言葉が悪すぎますが、しかし現実には、長時間労働によって支払われる残業代を想定して家計をやりくりしている社員も多数いました（これは、当時の電通に限った話ではないかもしれません）。

そのため山本さんは、早い段階から社員に対して次のようなアナウンスをしました。

「労働環境改革はけっして、人件費削減が目的ではない。目的はあくまで違法状態の是正である。労働時間の短縮によって残業代が減った分は、賞与など違った形で還元するから、その点は信じてもらいたい」

あくまでも目的は、**「違法な長時間労働をなくす」ことだけだ**と明確にしたのです。

そして、夜10時から翌朝5時まで、電通本社ビルの「全館消灯」を実施しました。全フロアの電気が消えて真っ暗になった電通本社ビルは、ニュース番組でもよく映像が流れましたから、覚えている方もいらっしゃるかもしれません。

夜10時以降は仕事をしてはいけない、メールも送ってはいけないということになりました。

しかし**上から何かの制度を急速に押しつけようとしても、現場は何らかの抜け穴を見つけ出す**ものです。

社員の中には会社周辺のカラオケボックスなどに陣取って仕事をする人たちもいたようです。メールの代わりにＬＩＮＥやＳＮＳのダイレクトメッセージも大いに「活用」されました。

「会社の文化は容易には変えられない」

文化は変えずに時短だけ進めるという取り組みは、ここから始まったのです。

2年間で残業時間を40％以下に短縮

電通の労働環境改革は、社員の残業に対する意識改革に始まり、業務の棚卸しやアウトソーシング、そして2017年当時、多方面から注目を浴びた「RPA」（Robotic Process Automation＝ロボットによる業務自動化）の導入など、約250にわたる施策を実行していきました。

いま振り返ってみても、計画どおりに進んだことはほとんどありません。**「時短」は生身の人間を相手にすることですので、試行錯誤の連続となるのは当然**です。

結果を申し上げると、プロジェクトの期限とされた2018年末までの2年間で、社員1人あたりの法定外労働時間を月平均で**26・9時間から9・8時間にまで短縮**。残業時間を**6割減らした**結果となりました。6000人分ですから、毎月10万時間以上、残業を減らした計算になります。

そして私は、プロジェクトの総括がおちついた2019年5月に電通を退職しました。

現在は、そのときに得た知識と経験をもとに、**時短から始まる業務改善コンサルティン**

グに従事しています。

「将来、自分はあの電通の時短改革にたずさわったと、キャリアの一行に書けるようになりますよ」

こう言って周囲の方々を口説き落としてプロジェクトにお誘いしたこともありましたが、実際には私自身もまた、電通の改革にたずさわったことで大きく人生が変わりました。

「きみには、当社の貴重な経験を、広く世間に知ってもらう使命がある」

これは私が辞表を出す際に、山本社長から言われたことです。私が本書を執筆しようとした理由は、ただこの1点に尽きます。

長時間労働＝カッコ悪い＝若い人が寄りつかない

電通が労働環境改革に全社をあげて取り組んだ最大の理由は、先述のとおり、あってはならない事件が起きてしまったからでした。

しかし、プロジェクトを始めるにあたって話し合うにつれ、改革本部ではもう1つのテーマが浮かび上がっていました。

「長時間労働は、もはやカッコ悪い。そして、**カッコ悪い会社には、人が寄りつかない**」

日本の生産年齢人口（15〜64歳）は、1995年の8726万人をピークに、2020年には7509万人まで減少しました。2040年には5978万人にまで減少すると推計されています（国立社会保障・人口問題研究所「日本の将来推計人口（令和5年推計）」より）。

現在の深刻な労働力不足が容易に解決しないことは、火を見るより明らかです。企業が働き手を選ぶ時代は過去となり、**「働き手のみなさんに、いかに選んでいただける企業になるか」**が重要な経営課題になりました。

私が電通で新米時代を過ごしたバブル期は、栄養ドリンクのCMのフレーズ「24時間戦えますか」が流行したように、「長時間の激務」には肯定的なイメージがありました。**めちゃくちゃ忙しいということが「是」であった**ということです。

デキるビジネスパーソンなら、仕事がわんさか殺到して、おのずと長時間勤務にならざるを得ないはずである。ですので、たとえば**「飲み会に早くから参加するようでは、カッコ悪い」**という風潮がありました。19時ごろから飲んでいるようでは「ヒマ＝仕事がない人」と思われてしまう。なので、飲み会への参加はどんなに早くても20時半から、それも当然のように遅れていく（もしくはさっさと飲んで早々に会社に帰る）。そういう方々が誇らしげに振る舞っていました。

逆に言えば、**「長時間にわたって労働している」「いつでもパッツンパッツンだ」と周囲にアピールできないようでは、いろいろ不都合だった**ということです。

それは、俗に「上司が帰らないから帰れない」と言われるほど単純な話ではありません。仕事の獲得競争が、競合他社との間だけでなく、同じ社内でもきわめて熾烈なので、**「あいつは長時間働くだけの仕事がとれてない」とウワサされてしまったら、かなり致命的だった**のです。

令和の日本において、そういう価値観は大きく変わりました。

昭和・平成時代は、優秀な人材が、魅力的な業界や企業から「振り落とされまい」として長時間の労働を美徳とし、それを誇示さえしていた。それはあくまでも「終身雇用」を前提に、企業を信じていたからです。言うなれば「自らを縛りつける鎖の豪華さを自慢する」ようなものだったのかもしれません。

しかし現在は、優秀な人材ほど、企業をアテにして人生を計画するようなことはありません。自分が**「個として成長する」ことを最優先するようになった**のです。

企業側も、そういう人材に対し**「成長の機会」を提供して（何年間か）働いていただく、**というように主客が逆転しつつあります。

私が新卒の時代に就職活動で人気があった業界や企業であっても、**「成長の機会をもらえる場所」と認識されなければ見向きもされない**ようになっています。

しかし平成の末期のころ、中には世の中の急激な変化を受け入れることができない企業もありました。

「われわれの仲間に入れてほしければ、まずは修業に耐えろ」と言わんばかりに、長時間労働やゴリゴリの体育会系文化のおしつけを当然と信じて疑わない。そういう組織は、もはや「ヤバい（悪い意味で）」と敬遠されるようになっています。

同級生から**「おまえ、あんなダメな会社に入ったの？」「将来性なくね？」と笑いものにされることは、いまの若い方々にとって最大の恐怖**です。

優秀な人材から敬遠されるような企業グループに落ちぶれてはいけない。
当時の電通は**長時間労働という「カッコ悪い」働き方を変える必要に迫られていた**と思います。

「時短」ができる会社は、他の目標も成し遂げられる

話はガラッと変わります。私は最近、7日間のファスティング（断食）に生まれて初めて挑戦してみました。最初の2日間はお腹が空いてとてもしんどかったのですが、3日目からは空腹感も治まってきて、予想よりもずっと楽しく7日間のファスティングをやり遂げることができました。

終えてみて、多くの人がファスティングにハマる理由がわかりました。キレイになれるとか、痩せるとか、身体の調子を整えるとか、人によっていろいろな理由はあるでしょう。

でも、人々を惹きつける最大の理由は、

「ファスティングに挑戦して、**それをやり遂げられた自分を好きになれる**」

ということに尽きると思いました。これはファスティングだけでなく、ダイエットや筋ト

レ、マラソンなどにハマる人たちにも共通の心境かもしれません。
私は、すべての企業に、いわば「ワークファスティング」に取り組むということを経験していただきたいのです。

時短や業務削減そのものの価値もさることながら、**「課題を掲げて、それに挑戦し、達成できた」**という体験がかけがえのない成功体験となり、確固たる自信につながるからです。

「時短を達成できたのだから、先送りにしていた経営課題も解決できるのではないか」

「時短を達成できたのだから、新規事業にチャレンジする力もあるはずだ」

「時短を達成できたのだから、別のプロジェクトのリーダーもできるはずだ」

このように確信できる会社、このように確信できる自分自身へと変わっていける——。

何よりもそれが、**時短に取り組む最大の意義**なのです。

労働時間短縮という目標は、成果が数字で定量的に測定できます。最終的なゴールであるKGI（重要目標達成指標）をきちんと決めることができ、そこにいたる中間目標であるKPI（重要業績評価指標）もチェックできます。

ですから、時短プロジェクトは客観的に「達成」したことが、経営陣はもちろん、すべての社員にはっきりわかるのです。

これにより、全役職員が強い自信をもち、新たな挑戦に立ち向かえる企業になる――これは、**たんに「業務時間が短くなった」という結果をはるかに超える、圧倒的なプラスの力**となります。

そういう企業が1社でも増えることが、**大げさではなく日本の力を底上げしてくれる。**

私はそう信じて、多くの会社に「ワークファスティング」をおすすめしている次第です。

プロジェクトを成功に導く「8つの鉄則」

電通が行った労働環境改革は、日本で類例を見ない実験の積み重ねでもありました。

もちろん「あの特殊な状況だからできた」という施策もありましたが、一方で**どんな企**

業でも普遍的に通じる知見も数多く得られました。

それを私なりに整理すると、次に挙げる「8つの鉄則」が浮かび上がってきます。

鉄則1　社長は「私欲」を訴えなければ伝わらない
鉄則2　現場が抵抗する「本当の理由」を理解しよう
鉄則3　「現場の主」は社長が自分で口説かなくてはいけない
鉄則4　現場の「すべて」を肯定しよう
鉄則5　トラブル処理は「すべて」「自分で」引き受ける覚悟をもつ
鉄則6　改革の「本質的価値」を語ってはいけない
鉄則7　「結果」で納得を得るしかない
鉄則8　「内部統制」という言い訳を封じよう

これらは労働環境改革を推し進めるうえで必須の項目ですが、それだけではなく、**あらゆる「社内改革プロジェクト」の成功に通じる鉄則**でもあると私は考えています。

繰り返しになりますが、時短はそれ自体が目的ではありません。

「時短を達成できた」自信と経験がさらなる飛躍のステップとなるのです。

その肝である「8つの鉄則」について知ることは、皆様がこれから経験するさまざまな社内改革プロジェクトを成功に導くうえで、大きな助けとなるでしょう。

鉄則 1

社長は「私欲」で訴えよう

いつまでも平時の「タテマエ」では誰も動かない

さて、いよいよ「時短改革」の説明に入る前に、1つ考えていただきたいことがあります。

それが**「社長は『私欲』を訴えなければ、社員には届かない」**ということ。

つまり、「タテマエやキレイごとではなく、ご自身の『心の底からの欲求』を、ストレートに発信しよう」ということです。

経営者が平時に発信する言葉は、ほとんどすべてが**形式的で画一的な決まり文句**です。

毎年いつでも「いままで見たこともないような劇的な変化が来て」おり、そのため「これまでの常識が通用しない」。そして「生き残るのは大きくて強いものではなく、変化に対応できる柔軟な生物だ」というダーウィンの言葉を紹介し、「失敗を恐れずに挑戦する気持ちを大事にしてほしい」と結ぶ。

これなら、ChatGPTのような生成AIに原稿を書いてもらうことも可能ですね。わざわざ「経営企画部」や「社長室」の精鋭の手をわずらわせる必要すらありません。

いつもの決まり文句を聞いている幹部社員の方々も、うんうんとうなずいてメモをとるという「伝統芸」をこなします。そして、幹部たちはご自分の指揮下の《現場》の集会で社長の訓示を再現コピペして「変化」「柔軟」「失敗を恐れず」などと言う。集会に出たみなさんも、うんうんとうなずく。

しかし《現場》のみなさんは、集会が終わって大会議室を出たり、オンラインミーティングアプリを閉じると、**もう話の中身は覚えていません**。頭のメモリからきれいさっぱり消して、厳しい日常業務に戻っていきます。

もし、まだ社会人経験が浅い若手社員が「社長のおっしゃるとおり、失敗を恐れず挑戦したいと思います！　先輩方の常識は、もう通用しないそうなので！」などと言い出したら、大変。ハラスメントと誤解されないよう丁寧に優しく、教えてあげなければいけない。

「いいか、あれは『タテマエ』というものなんだ」

「もし本当にわれわれ《現場》が失敗を恐れず挑戦なんて始めたら、会社はすぐにガタガタになって、止まってしまうんだ」

「社長だってそんなことは百も承知だ。社長も《現場》あがりの内部昇格、われわれの先輩なんだからね。ただ、公式に発信するときには、ああいうことを言う決まりになっているだけだよ！　それを真に受けては、ダメなんだ」

企業（経営者）が本当のことを隠さず語っているとは、社外も社内も誰も思っていないわけです。

経営者の「心の底からの欲求」

DX、ESG（日本では「SDGs」）、パーパス、デザイン経営……などなど、そのときおりおりのテーマが、入れ代わり立ち代わり現れます。

それらの経営テーマに罪はありません。問題は、経営者が、それらの実相と真の影響を理解したうえで口にしているとは誰からも思われていない、ということです。

それによって**本気で会社を根本から変えよう、その変化についてこられない社員が相当数いるのもやむを得ない**、とまで「覚悟」を決めているのか。

言いかえると、経営者にとって、そのテーマは**「これだけは何が何でも実現したい、心の底からの欲求」**なのか。

少なくとも社員のみなさんは、まさか（先輩の）あなたにそんな「本当の覚悟」があるとは思っていません。これまでどおり、いつもどおりの**「やっている感」のアピールにすぎない**と思っている。

これまでも、何回もこういう話はあった。ド派手に掲げられた「目標」や「宣言」の実現は、《現場》に丸投げされるだけ。

そして、何か大きな障害に当たると、**あっさり自然消滅**する。そのときプロジェクトの責任者を拝命して陣頭指揮に当たっていた人たちも、ハシゴを外されるのはたまらんとばかり、なんなら「プロジェクトなんか最初からなかった」ということにしてしまう。

そんな悲喜劇を繰り返し何度も鑑賞させられてきた社員のみなさんが、あなたの「こんどこそ本当に改革しないとまずい」という言葉を、はたして真に受けるでしょうか？

あなたの言葉が、「ＡＩでも書けるような」いつもの決まり文句ではないこと。**社長の「私欲」に基づいた本当の動機**が、そこに見えること。

それが伝わって初めて、あらゆる改革は、やっとスタートにつくことができるのではないでしょうか。

新社長が社員に発信したメッセージ

電通の時短プロジェクトの話に戻ります。

前述のとおり、「労働環境改革本部」が発足して2カ月半後の2017年1月、前社長が一連の事態を受けて引責辞任したことを受けて、山本敏博新社長が就任しました。山本社長は、労働環境改革本部の本部長を引き続き兼務。「この改革がすべての業務に優先する」と宣言し、矢継ぎ早にメッセージを発信しました。

山本社長は次の点を強調しました。

「労働時間の削減と仕事の品質は、トレードオフ（二律背反的関係）ではない」

前に書いたとおり、これまでの電通の働き方の根底には、**「時間と労力を省くようでは、取引先から、仕事の品質を問われてしまう」「競合他社だけでなく、電通社内の競争に負けてしまう」**という強いプレッシャーがありました。

そのため、労働時間短縮への不安が、社内に渦巻いていたのです。

後に「22時以降の労働」が原則として禁止されたとき、ある大手広告主のマーケティング担当役員の方が、**わざと22時過ぎにCM撮影現場を訪れた**ことがありました。「電通の方針が間違っているということを、身をもって示す」ためだとおっしゃる。

それは極端な例でしたが、当時、多くの取引先が**「電通が夜中に働かなくてどうするのか」**と感じておられることも伝わってきました。

しかし山本社長は、「仕事の品質を落とさずとも、業務時間を30％削減することはできる」という姿勢を変えませんでした。それを社員に伝えるために、山本社長は、**あらゆる機会を利用して社員に対して発信し続けました。**

「労働基準法違反を、ゼロにする」

「労働時間を減らしても成果をあげられるよう、2年間は環境整備と業務改革を最優先に投資する」

「新たに生み出した時間で社員がコンディションを整え、成長することが、じつは、会社の成長につながる」

山本社長は、こうしたメッセージを**繰り返し繰り返し**訴えました。

それによって、社員に対して、「得意先に根強い、『電通の労働時間短縮＝電通の仕事の品質低下』という固定観念を払拭してみせないか？」と呼びかけたのです。

人材が集まる会社にする

社長の繰り返しの呼びかけに対して、社内の空気は、

「いったいどうすればいいんだ？」

という困惑と、

「たしかに、これは、いまこそやらねばならない」

という前向きな気持ちが半々というところでした。

少なくとも、これが**「やっている感」**の**演出であると思う人は皆無**だったと思います。

もちろん状況が状況ということもありますが、**山本社長の「心の底からの欲求」**、**すなわち「私欲」がそのまま伝わった**ことが大きかったと思います。

その「私欲」とは、

「電通を人が集まらないような会社、人が逃げていくような会社にするわけにいかない」

ということだったと思います。

山本社長には「電通は、日本中、いや世界中のビジネスタレントが集まる場所であるべきだ」という強い信念がありました。

「電通は、長時間労働こそが真のサービスであると信じている」というような社会通念を一掃しよう――**これこそが、社長の「私欲」だった**と思います。


序章でも触れたとおり、これから日本に訪れるのは**深刻な労働力不足の時代**です。

若くて優秀なビジネスタレントは引く手あまたで、企業側が働き手を選り好みしていた時代は昔話となりました。

採用面接でのパワハラ・セクハラなど論外で、そういう企業がかつて存在したこと自体、誰も信じなくなるでしょう。

ましていま人材市場に出てきたのは「コスパ（コスト・パフォーマンス）」はもちろんのこと「タイパ（タイム・パフォーマンス）」までも重視する世代です。

彼らにとって、時短に取り組まない企業、「長時間労働を尊ぶ」会社は、言うなれば**「トイレに温水便座がついていないどころか、すべて和式」**のようなもの。

いま、このタイミングで「時短すら」達成できないようでは、未来にわたって電通は「ダサい会社」だと言われ、避けられる。「あの山本さんが社長だったのに」ダサいまま変わらなかったと言われ続けてしまう。

それは何としても避けたいというのが「社長の本当の私欲」であり、それがタテマエでもなんでもなく、**そのまま社員にも伝わった**のだと思います。

「アスリートは試合の前日に徹夜しない」

「長時間労働がサービスの質の前提と取引先から思われている。電通はよく働くと驚かれ、感心され、ライバルからは『電通と同じようには働けない』とあきらめられている。

われわれは、その『評価』に甘んじてしまっていないだろうか？

このままでは、次世代のビジネスタレントたちが寄りつかなくなる。

『いまの若いやつらはわかってない』などと嘆いても意味はない。

人材が集まらなければ、いま長時間労働を『すごい』と評価する取引先も、あっという間に電通を見限り、人が集まっている競合に仕事をとられるだろう」

こうした意識を社内に浸透させるために、山本社長はさまざまなメッセージを発信しました。

「アスリートやアーティストは、『ここぞ』という日に向けてのコンディショニングに全力を注ぐ。オリンピアンは4年後の試合に向けて、1分1秒を積み重ねている。**ひるがえって私たちはどうか。**大事な業務を抱えているのに『ゆうべはクライアントと深くてさ、明け方までがっつりご一緒して、寝てないんだよ』などと自分のタフさを誇ることはなかったか？

『デカいプレゼンの追い込みでぜんぜん寝てない』というのも、いまや、自慢でも何でもない。体調を万全に整え、頭がスッキリと働く状態で取引先へうかがい、**最高のパフォーマンスを取引先に披露すべき**ではないのか」

山本社長があえて、大嫌いなはずの「繰り返し繰り返し」のコミュニケーションに挑んでいる。**カッコ悪くて泥臭く地道な説得を、愚直にやり続けている。**

社長が手を替え品を替えメッセージを発信し続けたこと自体によって、社内の意識は確実に変わり始めました。

「面従腹背」はやめてくれ

日本のビジネスパーソンに脈々と受け継がれるスキルに**「面従腹背」**があります。

1400年前、聖徳太子は「憲法十七条」なる高級公務員服務規程をつくり、「面従腹背はやめよう、和をもって話し合いで決めた結果には、ちゃんと従ってくれ」と呼びかけました。

面従腹背によって組織運営が（表面上は）円滑に回るという部分もあります。

命令を受けて、内心では「いや、これマジでやってられないでしょ……」と思っても、あえてその場で上司に反論をせず、いったんは「ハイ、よろこんで」と引き取るほうがよい場面もある。とくに上司がヒートアップしてしまっているときは、冷めるのを待つのが賢明です。

しかし、それは通常の業務を回すための知恵。**通常とはかけはなれた緊急事態や、根本的な業務改革を行うときには、面従腹背文化は最大の障害**になります。

できないことや、けっしてやるつもりがないことを「社長、さすが、おっしゃるとおり！　まさにわれわれに必要なことです！　やります！」と**「いったん引き取られてしまう」のが、いちばん困る**のです。

ですから社長は、**「今回だけは、面従腹背はやめてくれ」と役員・社員に訴える**必要があります。

「できない施策については、『できない』とはっきり言ってほしい」

「そのときに、なぜできないのかを説明してくれないか。それは**つっこんだり論破したりするためではない**から安心して教えてくれ」

「私はけっして、『命令だ、つべこべ言わずにやれ』とは言わない。**間違った指示をしたとわかったら、すぐに撤回する**」

電通ではこのアナウンスが元となって、全社で時短施策を真剣に討議する会議が次々と開かれました。

そこでは、

「本当はできるはずがない時短施策を『やっている感』のためだけに議論しない」

「現場が実際にできる施策は何なのかを、上申していこう」というコンセンサスのもと、活発な議論が行われていきました。

役員の処遇は社長にしかできない

現場の面従腹背よりもさらにやっかいなことがあります。それは**「役員クラスの面従腹背」**です。

多くの場合、役員は個人の信念で面従腹背するのではありません。**そうしないと出身部門から失脚させられかねないから、社長の命をうやむやにする**のです。

経営幹部のほとんどが内部昇格であるような企業では、幹部のチカラの源泉がトップから与えられるというより、**現場からの信任**によることが少なくありません。

ひらたく言うと、出身部門の後輩たちから「あなたがわれわれの部門の代表でいいですよ」と認めてもらえているから、トップから部門代表として選ばれている。**幹部人事に関する「部門の自治」**と言えばわかりやすいかもしれません。

そういう経営幹部は、会社への対決姿勢を出身部門にアピールすることで自分の部下（後輩）たちのご機嫌をとろうとするのも当然です。

「改革とか言っちゃっているけどなあ、まぁ、おまえたちは適当にやっといたほうがいいぞ」

などと言い、**組織ぐるみでの面従腹背を後押しすることで、自らの出身部門代表の地位を守ろうとする**。

とくに、「《現場》における過去の圧倒的な実績」で幹部になっている役員はそのリスクが高い。抜本的改革の内容を聞いてみたら、そのカリスマ幹部が打ち立てた勝ちパターン自体の否定だった、なんてことになったら、それはもう全力で「面従腹背」するよう、後輩たちをあおるしかないからです。

もしそのような役員がいたら、**対処できるのは社長だけ**です。プロジェクトチームメンバーの選任は現場担当者の意見で調整できる場合もありますが、**役員・幹部レベルの処遇は社長にしかできません**。

自分の出身部門の後輩たちから失脚させられることを恐れて、社の方針に非協力的な態度を続ける経営幹部には、**残念ながら去ってもらうしかありません**。

「はじめに」の冒頭でお断りしたとおり、本書は「ノウハウ本」ではありません。経営者の「覚悟」を考える1冊です。

「役職や功績があるからといって例外は許さない」

「非協力的な幹部がいたら、内部通報制度を活用し、匿名で報告せよ」

現場の社員たちに、部門が反対したからといって全社改革を撤回することはない、**けっして「日和る」ことはないという意思を示す。**

それができないなら、**そもそもあなたには、経営者として「改革」を語る資格がありません。**

社長が言ってはいけないNGワード「現場で考えろ」

社長が「それを言っちゃあおしまいよ」という言葉を発してしまったばかりに、**せっかくの社内のムードがぶち壊しになってしまうケース**も少なくありません。

そのNGワードが、

「現場で考えろ」

「うまくやれ」

「それをどうにかするのがきみたちの仕事だろう」

です。

いずれも平時には「管理職」たちによって愛用されている言葉です。

これらは緊急事態には、**現場のやる気を削ぎ、改革をストップさせる効果**しかありません。

前述のとおり、企業の社員は、経営者がときどきぶち上げる華々しい改革宣言を冷ややかに見ています。

会社が外向きのお化粧をしているだけなら、利害は同じだからつきあってもいいけれど(そのために「面従腹背」テクニックも使う)、本当に自分たちの仕事のやり方を変えなければならないとなると話は別。

ましてそんなときに、「現場の知恵で、うまくやれ」とは何ごとか。

社長が新卒入社・内部昇格の場合は、「昔の自分を棚に上げてよく言うよ」となるのがオチです。

日本の《現場》は治外法権

さきほど「経営幹部とは名ばかりで、たんなる出身母体の部門代表なので、現場に忖度して面従腹背せざるを得ない」という話をしました。

それと似た話ですが、**内部昇格した経営者は、具体的なアクションを現場に任せなければいけない**ことが多くあります。

のみならず、現場の中でも、具体的なアクションは下へ下へと「丸投げ」しなければならない。日本企業は、**「丸投げのマトリョーシカ」**になっている組織が多いのです。

かつてQCサークルなどが華やかなりしころ、日本企業の「現場の知恵」といったものが好意的にスポットライトを浴びた時代がありました。三流経営の無策を、一流の現場が必死にカバーしている、という厳しい見方もあります。

しかし実態は、**現場のほうが、お上《かみ》の介入を厳しく拒絶してきた**のではないでしょうか。

いままでうまくいっているやり方を、上から変えられるということには、「治外法権」を主張してきたのではないでしょうか。

日本企業のあり方は、世界を席巻している巨大企業たちとは違います。

「独自のビジョンをもってイノベーションを起こす強烈なリーダー」がトップになってしまい、その人が全力で現場に介入して指示を飛ばし始めるようになったら、どうなるでしょう？　**現場は徹底的に抵抗するはず**です。

つまり、これまでやってきた勝ちパターンを現場が継続することが最優先。

何かのプロジェクトをやるにしても、経営側が具体的なアイデアや知見を出すのは御法度でした。

「こういうことをやりたい、ついては現場で考えて、うまくやって」

それが言えずに自分のハンズオンでやろうとしてしまうような「うかつな」方は、お作法がなっていないということで、早いうちに幹部候補から外されてきたわけです。

ここで時短の話に戻りましょう。

長年にわたり現場で必死に知恵を絞って考えてきた結果、全体で見ればそれが業務のムダを生んでいるというケースは多々あります。

それが、**「ムダの古層」「ムダの根雪」**のように積もり積もった業務です。

しかし現場社員からすれば、**それらを「ムダ」と自分で認めることはけっしてできませ**

ん。

会社に対して治外法権を要求し続けてきただけに、われわれ現場にムダな業務などというものはない、と主張せざるを得ない。そんな自縄自縛に陥ってしまっています。

そこに追い打ちをかけるように「時短が必要だ、その手立てはおまえらが考えろ」などと社長が発言したら、現場が全力をあげて改革に抵抗するのはあたりまえです。面従腹背でサボタージュしながら、出身議員、もとい、担当役員のお尻を叩いて改革の火を消そうとする。これはまさに**「一揆」状態**です。

それを避けるために、社長はメッセージを発しなければなりません。

社長が発信すべきメッセージの3条件

社長からの発信のポイントは、次の3点です。

①具体的な施策を、現場に丸投げせず、トップダウンで指示することを約束する
②その施策は現場が「少しだけがんばればできること」に限定することも約束する

③トップダウンの期間には期限があることを明示する

この3つを、**社長が自ら繰り返し発信**してください。

①は、たとえば、導入すれば実際に時短なり効率化が進むと期待できるシステムやツールの類いです。こうした「手土産」によって**具体的に時短できる結果を見せなければ、《現場》はけっして話を聞こうとはしません。**

電通の場合で言うと、その1つが、当時最先端のRPAでした。

さらに電通の時短改革では、山本社長が2年間という**「トップダウンによる《現場》への介入期限（③）」**を設定していました。

それは、一義的には「労働環境改革を2年で終わらせる」という強い意思表示であり、世間へのコミットメントでありました。しかしそれと同時に、《現場》に対する、**「いつまでも『自治権』を侵してトップダウンの経営をするつもりはない」**という約束にもなっていたわけです。

それがなければ、「今後『政体』が変わるのか？」「まさかGAFAMっぽいトップダウンの会社になりたいのか？」などと要らぬ疑心を生んだかもしれません。

「働き方改革」ではない、雇う側の「働かせ方改革」である

電通の長時間労働が社会的問題となると、世の中では「働き方改革」という言葉が飛び交いました。そして2018年には「働き方改革関連法案」と呼ばれる一連の労働法改正も成立します。

その意味するところに私は反対ではありませんが、**雇われている社員の側に「働き方」を改革させようというような語感には、強い違和感があります。**

雇う側の経営者が、社員に対する「働いてもらい方改革」（長いので、以降**「働かせ方改革」**と書きます）**を覚悟をもって断行する。**

それこそが、本筋なのではないでしょうか。

固いことを言えば、「雇用契約」を結んでいる以上、社員（会社法上は「使用人」）は会社の指揮命令に従う義務があります。

よく「部下が言われたことしかやらない」と嘆く管理者がおられますが、雇用契約のもとでは「命じられたこと」以外を行うのは契約違反です。

そこを日本の知恵で**「うまくやれと命令する」「自分で考えろと指示をする」という技**が広く使われてきたわけですが、これも本来の雇用の定義からすると、雇用する側の責任放棄と言えなくもない。

そこに踏み込むのは本書の目的ではありませんが、こと時短改革に限って言えば、何よりもまず社長自らがはっきりと、こう宣言する必要があると私は考えます。

間違っていたのは、あなたたち社員ではない。

われわれ**経営陣の「働かせ方」が、間違っていた**のだ。

それを、いま、どうしても改めたい。

そのために、**われわれ経営陣は、具体的な指示をあなたたちに出す。**

そうはいっても、われわれにも限界がある。

どうか、協力していただきたい。

時短改革は、ここからしか始まりません。

鉄則1　社長は「私欲」で訴えよう　ポイント

①今度は「やっている感」の演出やキレイごとではないことを繰り返し訴える
②期間限定で《現場》にトップダウンで指示を出し、面従腹背は厳禁する
③社員の「働き方改革」ではなく、経営者の「働かせ方改革」であるという自覚を持つ

鉄則 2

現場が抵抗する「本当の理由」を理解しよう

みんなが家に早く帰りたいわけではない

「時短をやれば、早く帰れるのだから、君たちも嬉しいだろう」

経営者のあなたがそんな発言をしてしまうようでは、**時短改革は間違いなく頓挫**します。長時間労働をいとわない人の中には、**その働き方自体が「プライド」になり、成長が喜びとなっている人**も、驚くほどたくさんいるのです。

この事実を踏まえることなく、「早く帰れて嬉しいだろう?」などとナイーブな発言をすれば、**「わかっていない」と猛反発をくらう**のは必至です。

その反発は、正面からぶつけられればまだわかりやすいですが、前に述べた「面従腹背サボタージュ作戦」で改革を立ち消えさせられるリスクもあります。「時短? 改革? やりましょう、必要ですよね!」と返事しておいて何もしないのですから、本当にたちが悪い。

優秀な人材は「自分を成長させてくれる場所」を求めています。単に甘やかされるだけでは、自分のタメにならないと考えているのです。

「時短すらできないカッコ悪い会社には、人材が集まらない」と書いたことと一見矛盾するようですが、「早く帰れて嬉しいだろう」は禁句、これは絶対です。

長時間労働になりやすい構造

さて、じつは**広告代理業という業態は、構造的に長時間労働になりやすい**面があります。

電通の長時間労働が批判された際に「広告主（クライアント）の広告施策の実行を代行するだけの業者が、なぜそんなに仕事が忙しいのか？」という声もありました。

ひとくちにクライアントの要望といっても、これが大変です。

クライアント社内で、担当さんおひとりで広告に関する全権を掌握しておられるようなことは、まずありません。とくに電通などの大手が受ける仕事は、クライアント社内で何ステップにもわたる討議と上申が重ねられます。大きなお金を使うのですから当然ですね。

クライアント社内の意思決定が行われる間、広告会社はただぼーっと、「まだですか？」と待っているわけではありません。クライアントの担当者さんたちといっしょになって、そして時には、さらにその上司さんたちとも協力して、**クライアント社内の「たて」「よ**

こ」「ななめ」の合意をとりつけるために伴走します。「共走」と言ってもいいかもしれません。

それは文字どおり「七転び八起き」です。クライアントの常務さんまでは同意を得たが、その先の専務さんでちゃぶ台をひっくり返される、なんてことはしょっちゅうです。

「うちのロゴが小さいじゃないか、ダメだ！　こんなの」

そのひとことで、ぼう大なデータと大量の案を積み上げてきた結果が、一瞬にして水泡に帰します。

さらに、ようやく「たて」「よこ」の同意が得られても、「ななめ」への事前説明を失念したために、**「オレは聞いていない。おろそかにされた以上は絶対反対」**と攻撃を受けることもあります。

すったもんだの末、ようやくクライアントの要望がまとまったとしましょう。しかしそれを**「右から左に流すだけ」で実現するような甘い仕事も、これまた、けっしてありません。**

ＣＭならＣＭをつくる制作の方々、さらにそのＣＭを掲載してくださる媒体企業の方々など、それぞれの意向を丁寧に丁寧にすり合わせながら物事を進めます。

そもそも、クライアントの要望の少なからずが、「新しい・いままで前例がない・よって大きな反響を巻き起こす可能性がある」という広告施策です。その案を選択していただけるように、広告会社は懸命に共走してきたわけです。

その実施を広告会社経由で引き受けてくださるみなさんも、本当に斬新で面白い取り組みであれば喜んで引き受ける、という方々が多いのです。

そんなクリエイター気質の方に、上から目線で「クライアントの意向だからやれ」などと一度でも口走ったらどうでしょう。その仕事を断られるのはもちろんのこと、**「あいつはダメだ」**という風評が立ち、当分その界隈で仕事ができなくなります。若手社員の中には新米の期間にこの地雷を踏み、しばらく「ペナルティボックスに入って」社会の厳しさを学ぶ方もおられます。

そんなこんなで、電通など広告会社の果たす「調整機能（これを「仕切り」と呼ぶこともある）」は本当に大きく、そこにはぼう大なマンパワーが投入されてきました。

この「調整」「仕切り」の仕事は、じつに効率が悪く、じつに生産性が低く、じつに心身ともに削られる仕事です。多くの人が想像するような「クライアントから下りてきた命令を、下請け業者に伝達して、実行させるだけの中抜き」という、いわば**合理的で生産性**

の高そうな世界とは対極にある世界なのです。

接待店のトイレまで下見する「電通スタイル」

さて、電通の長時間労働が問題視されたとき、その「元凶」として注目されたのが『電通鬼十則』の存在でした。その第5に**「取り組んだら放すな、殺されても放すな、目的完遂までは……」**とあり、その一句が過労死とつなげられる形で批判の対象となりました。

いまでは電通自身が封印してしまったこの『電通鬼十則』は、第4代社長であった吉田秀雄さんが1951年につくった、仕事の心得10項目を掲げた行動規範です。

『鬼十則』は本来、いわゆるビジョンでもミッションでもなく、もちろんパーパスでもありません。言うなれば「単なる」行動規範です。

しかし、前述の「調整業務」「仕切り」が社の事業の根幹であり、それをやり切る社員が文字どおり会社の資産である以上、社員の行動規範はすなわち会社の存在理由であり、組織としても個人としても「ありたき目標」でした。

ビジネスモデルが稀有であったために、**行動規範がそのままビジョン・ミッションとし**

て機能してきたというわけです。

『鬼十則』の第9にこうあります。

「頭は常に全回転、八方に気を配って、一分の隙もあってはならぬ、サービスとはそのようなものだ」

これこそ、さきほど説明した「調整業務」の神髄をひとことで言い抜いた名言です。

そして同時に、長時間労働が必然となる背景でもあるのです。

クライアントの要望をまとめることに共走し、その実現のために発注先に説明し、お願いし、説得し、約束する。その過程で「頭は常に全回転、八方に気を配」ろうと懸命に努力する。だからこそ、みなさんは最後には「しかたないな、今回は貸しにしてやる」と言って譲歩してくださったりする。

この「そこまでやるか」の例ですが、クライアントを初めての飲食店にお連れするとき、メニューだけでなくお店がどの銘柄のビールを仕入れているかを事前に調べるのは基本中の基本。場合によってはトイレの設備がどのメーカーさんであるかまで下見します。

このように、相手から**「そこまでやるか」「もうこれ以上やらなくていいから」**と言われるくらいまでやる。時には極端な行動で人の心をつかみ、それを仕事につなげる。

それが「電通らしさ」と面白がられ、**「電通は最後まで逃げずに調整をやり切る」**と評価されてきたのです。

長時間労働前提の業界を変えていく

ここまで説明してきたように、長時間労働の常態化は、広告代理業というビジネスモデルに、電通の「逃げずに調整をやり切る」伝統があいまっての、構造的な問題でした。

そんな電通でしたから、本気で時短改革を始めた際にも、現場からあがったのは「反発」などではなく、

「そんなことが、本当に可能なのか」

という、根本的な問いでした。

これは、「時短なんか、冗談じゃない」などという低レベルの脊髄反射ではありません。「クライアントがいるのに、先に帰れるわけがない」という単純なものでもありません。ビジネスモデルと自分たちの存在価値の根幹にかかわることを、そもそも改革できるのか？　なんなら、これまでクライアントからいただいたどんな難題より難しくないか？

そんな声でした。

クライアントの担当の方々に共走するにも、発注先に仕事を引き受けてもらうにも、**相手はすべてヒトの心**です。

最初は「何言ってるの、ムリだって自分でもわかってるでしょ」と厳しく拒絶されるところから始まり、お互いに妥協し合える「落としどころ」を探る。その調整はじっくりと時間をかけなければなりません。そうでなければ相手に「軽く見られた」「カネや権威で押し切ろうとされた」などと思われかねない。

中でも**いちばんダメなやり方が、「間に合わないからウンと言ってください」と締め切りを突きつけること**です。時間がないことは、もちろんプロのみなさんはわかっている。

そのうえで、電通がどうやって「それを言わずに」説得するか、それをみなさんある意味期待しておられます。

「すみません、夜10時までにお願いします、ケッカッチンなんで」

それは、しっかり合意ができてからの実施段階で、初めて口にしてよいセリフです。

調整業務をなりわいとしてきた社員たちには、

「発注先にシワを寄せて『電通だけ時短』というのは、社員のわれわれが許さない」

というプロ意識がありました。

ということで、電通の時短改革のスタートに際しては、個々人それぞれに大きな問題意識があったわけです。時短しなければいけないことはよくわかる、しかし、いったいどうすれば？

「現場＝現状維持を望む」という誤解

経営者が、会社を変えようと決意する。それも、「やっている感」ではなく、自らの本当の「正直な私欲」に突き動かされている。

そこまではよいのですが、そのことを社員のみなさんがどう感じるかについて、経営者のみなさんは誤解してしまうことがあります。

とくに、出だしで社員さんたちのノリが悪く、みんなが「うーーん」となってしまっているとき、

「ああ、やはり雇われ人というのは、けっきょく無責任なものだ。会社の危機だというのに、彼らは『変わること』がイヤなんだ。いまのままの働き方で給料をもらい続けるわけにはいかないのかと、ムシのいいことしか考えられないんだ」

そんな**ネガティブな誤解**は、現場の仕事経験がないオーナー社長に限りません。新卒で入社し内部昇格してきたサラリーマン社長ですら、そう誤解してしまう。

経営者は、現場から離れて何年もたち、経営の仕事で心身を削る日々を重ねるうちに、ご自分が現場にいたときの思いを忘れてしまいがちです。

しかし、先ほど電通の例で説明したように、**現場には、これまで会社を支えてきたのは自分たちであり、いまの働き方だという自負**があります。

あなたの「本音のアナウンス」を聞いて、

「仕事のやり方を根本から変えろと言われても……」

と戸惑っているのは、**むしろ現場を背負う責任と気概から**なのかもしれない。

そこを「ただただ変化を拒むヤツら」などと誤解したままでは、いかに具体的な施策を打ち出そうとも、社員の協力はけっして得られません。

「社長が変革について本気なのはわかった。今回は『やっている感』の演出ではすまさない、と思っているのもわかった。

しかし、**それは現場の業務を根底からくつがえすことなのだというところまで、本当にわかっているのか?**」

社員が本当に「イヤだ」「これは大変なことだ」と思っていることを理解せずに、「時短ができれば早く帰れる、嬉しいことだと思わないのか?」などと呼びかければ、賛同が得られないどころか、無神経としか思われません。

「時短によって現場の仕事は混乱し、初年度は大きな減収減益になるかもしれない。いや、それは何年も続くかもしれない。

私はけっして『**そこはうまくやれ**』**などとは言わない。**

その責任は私がすべて負い、株主・債権者をはじめ、ステークホルダーにしっかり説明する。

いま、その痛みを乗り越えれば、当社は生まれ変わることができるからだ。

社員のみなさんの報酬も、減益を理由に減らすことはしないと確約する」

ここをきっちりと社内（そして社外）にコミットして初めて、「どうか協力してほしい」と呼びかけることが許されるのです。

あなたのコミット不足のせいで動かない社員を、「ガラパゴスめ」などと揶揄する。**そういう独り言は、瞬く間に全社に伝わります。**改革どころか、以前よりも空気が悪い会社になってしまいかねません。

「残業代目当て」問題と向き合う

電通改革の前に私がたずさわったグループ子会社でのエピソードをご紹介しておきましょう。

序章でご説明したとおり、私は2013年から、インターネット広告を扱っている電通グループの子会社に出向し、代表取締役副社長兼CFOを務めました。

その際の重要なミッションの1つが、**常態化していた長時間労働の改善**です。

当時、副社長から昇格して社長に就任したばかりの社長のリーダーシップで、（期せずして電通本社の改革の数年前に）そのグループ会社の時短改革が行われたわけです。

私が赴任した当時、その会社では、社員の多くが終電近くまで残業するのがあたりまえという状況でした。

その裏には**「みなし残業代」の仕組み**がありました。定時の終業時刻が18時30分に定められており、そのうえで社員の給与に2時間15分の「みなし残業代」が含まれるという制度です。

経営者の立場からは「18時30分の定時に帰宅しても、20時45分まで残業したのと同じ手当を出しますよ」という「太っ腹な厚遇」をしてあげているつもりになります。

しかし社員たちはけっしてそうは考えません。「20時45分以降を超えて残業すると、初めて残業代がつく」と考えます。

これは**当然の合理的判断であり、けっして「いやしい雇われ人根性」などではありません。**

彼らは、20時45分を過ぎると本気を出して、猛然とスピードを上げて仕事をしました。残業代を稼いでも、終電を逃したらそれはそれでたいへん非合理な結果になるからです。

このような制度のままで「残業を減らしなさい」と呼びかけても、効果があるはずがありません。まして大切な仲間を「残業代ねらいでダラダラやっているやつら」などと呼ぼうものなら……もう言うまでもありませんね。

何度も言いますが、**雇用された社員が「働き方」を自律して改革する、などという考えは経営者の甘えであり、怠慢**です。**改革すべきなのは「働かせ方」**なのです。

ということで、経営陣は相当の覚悟をもって、残業代目当ての長時間労働を生んでいる、就業規則と給与規則の見直しに着手しました。

時間外勤務手当を、それまでの20時45分からではなく、定時終了の18時30分から出すと規則を改定したのです。

「18時30分から残業代が出るようになるなら、残業代が思いっきり膨らんでしまうのではないか？」との不安はありましたが、それでも「やる」と決めました。

残業代の負担が一時的に増えたとしても、それはかならず支払う（あたりまえですが）。それによって人件費が増えても、賞与の原資に手をつけることは絶対にしない。

社長は、そう約束したうえで、社員に対して時間外勤務を減らすように呼びかけを開始しました。

「時短＝残業代削減」のイメージを払拭する

この呼びかけの際に意識したのは、

「時短は、人件費削減のためではない」

と、繰り返し強調し続けることです。

そして、それがかけ声だけではない証左として、

「会社としてトータルの人件費を開示する。仮に残業代が増えても、賞与には手をつけない。しかし、残業代が減った分は、全額賞与で還元する」

「あなたたちにいままで支払っていた残業代は、今後はボーナスでお出しするようにしますから、とにかく18時30分になったら帰ってください」

と訴えました。

さらには、月に2日間の「ノー残業デー」を導入しました。そのうち1日は全社一律とし、もう1日は数名ごとのチーム単位で、仕事の状況などを見ながら決めてもらいました。

ノー残業デーは、18時になったら完全撤収。記念すべき初回は、2014年10月31日に実施しました。当時インターネット広告業界では異例のできごとで、19時までに本当に誰もいなくなったオフィスを最後にひきあげたときの気持ちは、いまも忘れません。

社員たちは、制度の変化にすぐ対応してくれました。ノー残業デー以外の日も、18時30分きっかりに「お先に失礼します」とはいかないものの、20時ごろまでに帰る人が圧倒的に増えていきました。**それが合理的だから、当然**です。

そんなこんなの総力戦の結果として、**残業時間は劇的に減少**しました。

そして**「生産性」すなわち「利益÷投入時間」が飛躍的に向上した**のです。

「DXによる業務効率化」が嫌がられた理由

少し前に、「DX（デジタルトランスフォーメーション）」というかけ声がいたるところで聞かれました。
まさに社会的欲求から**「DXやっている感」**を出そうとした経営者の方もいらっしゃるでしょう。

私も2019年に独立してから、いくつかの企業の「DXプロジェクト」をお手伝いしましたが、残念ながら中止になってしまった案件もありました。

中止の理由は、コロナ禍による業績の急な悪化に加え、

「現場が反対した」

というものでした。


なぜ現場は、あれほど反対したのか？

なぜ、面従腹背サボタージュ戦術を駆使したのか？

大枚を投資したDXプラットフォームを「いやあ、使いこなすのはなかなか難しいもんですなあ」とお蔵入りにしてしまい、けっきょく昔ながらのエクセルのメール添付で運用しているのは、なぜか？

「これが雇われ使用人根性だ。とにかく何かを変えることには、すべて反対なのだ」

そう思い込んで自分を納得させようとするのは、経営者の「DX欲」がしょせんその程度だからです。本当に心からの欲求がおありなら、**社員のみなさんが何をそんなに嫌がっているのか**を真剣に掘り返してみませんか。

ひょっとしたら、そもそも貴社の社員の多くは、**デジタル機器（パソコンやスマホ）を使いこなせない**のではありませんか？

DXやっている感を出そうとする企業は、まず「デジタル化で効率があがる業務はどれか？」と洗い出そうとします（外部コンサルタントの方々は、その洗い出しのノウハウを豊富にお持ちです）。

しかし、**本当にDXをしなければと痛感する会社の初手**は、それではダメです。

まず**「社員がキーボードを使えるか」を調べる**のです。パソコンを使えるか、ではありませんよ。キーボードが打てるかです。

DX化とは、非常にシンプルに言えば、お客様や社員が「データをWEBフォームに入力すること」です。ですから、本当に業務をDX化するなら、社員はキーボードを見ずに入力できるくらいでなければ、話になりません。

また、本当にOAソフトを業務に使うなら、ある程度はショートカットキーを暗記していないと使いものになりません。右手がマウスとキーをいったりきたりしているようでは、遅すぎて話にならないからです。

ところが、このように**キーボードを自在に使える社員は、驚くほど少ない**のです。もちろんプログラマーの方などは除いての話ですよ。

「パソコンができる」と自己申告する方々のほとんどは、じつはものすごくパソコン操作が遅くてへたくそなのです。ゴルフならとうてい120も切れないくらい、と言えば伝わるでしょうか？

この15年間で、スマートフォンが私たちの生活のどまん中にきました。大学の一部文系学部では、キーボードを操作できない学生が卒業論文をスマホで書いてしまうといいます。AIの力を（不正に）借りるのもスマホ。そんな世代です。

業務上のアプリもかなり増えましたので、ほとんどスマホで仕事をこなしてしまうビジネスパーソンも少なくありません。

スマホを片時も離さず、歩きながらもいじっている。しかし、**だからといって、デジタルスキルが高いわけではありません。**画面に映し出される文字や動画に詳しく、フリック入力が速いだけです。

というのも、スマホ上のアプリやサービスは、とても使いやすいのです。少しでも使いにくかったり難しかったりすると徹底的に酷評されますので、すぐに改善されるか、もしくは消えてなくなります。それが当然の世の中。

それなのに、**会社がコンサルタントに言われるがままに導入した「DXプラットフォーム」は、なんだかとても使いにくい。**画面も辛気くさくてダサく、モチベーションはダダ下がり。

いまや大半はアメリカ製のSaaSなので、画面上の日本語は読むに堪えない直訳ばかりで意味不明。日本企業の大好きなカスタマイゼーションもあまりできません。

そして何より、入力デバイスは「キーボード」です。フリック入力ができない。タッチパネルですらない。

これで「どうだ、アメリカ製のありがたいDXツールで作業効率が上がるだろう、早く帰れて嬉しかろう」と言われても、**ちょっと何を言われてるかわからない**わけです。

しかし、**社員のみなさんが自ら、「私たちはキーボードを叩けないし、じつはパソコン自体も苦手なんでできません」と告白することはありません。**

代わりに、**DXツールを導入することや、業務のやり方を変えることによるデメリットを20くらい並べたてます。**

そして、必殺のキメ台詞がさく裂します。それは、

「DXの必要性はわれわれもわかっていますが、なにしろDX推進チームの**進め方が乱暴で、これではわれわれは協力できません**」

ふと振り向けば、「SaaSをウチから導入すれば、これこれこんな業務がラクになる」とアドバイスしてくれた外部コンサルタントさんも、いつのまにか逃げてしまっています。

このように、何ごとにも真の原因とみかけの原因があります。

そして往々にして、**「真の原因」は簡単には見つかりません。**地下にはりめぐらされた根っこを引き抜かずに、**地上に出てきた葉っぱだけ刈り取っていても、雑草がなくなることはけっしてない**のです。

鉄則2　現場が抵抗する「本当の理由」を理解しよう　ポイント

①《現場》は改革や変革に理由なく抵抗するわけではない。そこには隠れた合理性がある

②経営者には改革のメリットが見えても、それを現場も共感・理解してくれると期待してはいけない

③だからといって現場を非難しても何も生まれない。意外なところに潜む地下茎のような「真の原因」を探り出そう

鉄則 3

現場の主は
社長が自分で
口説こう

日本の経営者は「工場の時短」は全力でやってきた

戦後から高度成長期を経てバブル期に至るまで、日本の製造業は世界を席巻してきました。その力の源が、**「工場」で徹底的に行われてきた効率化であり、時短**でした。

工場での時短では、人間や機械の動作1つひとつまでを工程の最小単位として検討します。人が立ち上がる回数や、モノをもって移動する距離を減らす、機械の動作を高速化する、などが具体的な改善ターゲットだからです。

20世紀初頭のアメリカの「テイラー式科学的生産管理」は、戦後の日本の経営者たちによって長年にわたり磨き上げられ、世界に冠たる現在の日本の生産方式がつくり上げられました。

工場の時短は日本のお家芸であり、日本の経営者たちはその能力を徹底的に鍛えてきたわけです。

それに対して**「オフィスの時短」については、日本の経営陣はまるっきりサボってきた**と言っても過言ではありません。

「はしの上げ下ろしまで」監視し計測する工場とは真逆で、**具体的な仕事の進め方を、すべてオフィスの現場に「丸投げ」してきた**のです。

そのシワ寄せは、すべて現場に行きます。それぞれの会社の現場のそれぞれの部署が、手探りで業務プロセスを構築し、ルールをつくり、ミスを減らす努力をせざるを得なくなりました。

その結果、**現場それぞれの部署には、そこのプロセスを取り仕切る「主」がいるようになった**わけです。

この「主」たちの同意なしには、時短に限らず、いかなる改革もけっして成功しません。

現場の「主」は誰か

2001年12月、アメリカの大手エネルギー企業エンロンが、巨額の不正経理による粉飾決算がもとで破綻しました。「エンロン・ショック」です。

捜査当局は粉飾決算の全容を解明すべく、エンロン社の電子メール約150万通を調査しました。

すると、意外な事実が判明しました。粉飾決算に関する具体的な手法の指示の出どころは、社長でも経営陣でもなく、**ある1人の現場の社員だった**のです。

もちろん粉飾決算を主導した責任が経営陣にあるのは言うまでもありませんが、具体的な作業の手順は、

「この件はAさんに聞いてくれ」

という感じで、現場の特定の社員にまかせっきりになっていたといいます。

現場の「主」とは、こういう存在です。たとえが悪すぎて申し訳ありません。けっして犯罪の中心になっていると言いたいわけではありません。

「主」といっても、多くの方はわかりやすいボスキャラではない。

奥のほうに腕を組んで鎮座して、

「社長さん、私たちの部署のやり方に、何かご不満があるんだってねぇ？」

とすごんで敵対的オーラを発しているわけでもありません。

むしろ**職場では気配を消しているくらい目立たない方**も多い。自らアピールしないのは、一般の社員と違って「仕事している感」を出す必要がないからです。

誰からも信頼されていて、さまざまな相談にイヤな顔ひとつせずに答えてくれる。

「この書類はこう書き直せば文句を言われない」

「このまま出すと差し戻されちゃうから、あの書類もつけといたほうがいいよ」

「主」は、業務の裏の裏のその裏まで知り尽くしています。**その人の存在によって、日々のプロセスが円滑に回っている**のです。

もちろん、その部署の長からも頼りにされている。というか、長も頭があがらない。長がその部署出身者なら言うまでもなく、他部署からの異動であっても、自分の新任地の「主」が誰なのかはすぐにわかることでしょう。わからないようなら仕事になりませんから。

まさに職場における扇の要のような「主」。

時短改革をするうえでは、**社長が「現場の主」たちを是が非でも味方につけなければいけません。**

現場の「主」はいわゆる「ノンキャリア」であることも多い。管理職や経営陣に「出世」することなく、現場に居続けたことで、その部署の仕事を誰よりもわかっていらっしゃる方です。

「主」は、現場の仕事を誰よりもわかっている。**「自分がこの部署を支えている」と強烈に自負**しながらも、現場のみんなを陰から支え、後輩たちが「出世」していくのを見守っている。

内部昇格した経営者なら、若いころたいへんお世話になった「主」の方々がいるはずですし、いまでも仲良くしてもらうよう努めているはずです。「主」に好かれないような器では、いまの地位はなかったはずですから。

それもあって社長は、**自分が打ち出した時短に対しても、「主」たちが協力してくれるように思える**かもしれません。

しかしその甘い見通しのまま、**根回しもせずに時短改革を進めようとすると、「主」たちは誰よりも手強い反対勢力に回ってしまう**のです。

「時短できない理由」を主張する人

現場の「主」が時短改革に反対しようとすれば、じつに簡単です。

経費精算の時短をはかるとしましょう。たとえば、「社の経費を使うには、社のクレジットカードで支払わなければならない」と決めるとします。これにより現金や私用カードによる立替という行為を全廃することができます、理屈の上では。

しかし、そこに「主」が反対すると、どうなるか。

・贈答品や手土産に頻用している某老舗百貨店は、「請求書払い」でないといけない。その百貨店の社内ルールで、カード払いでは当社担当の外商さんの営業成績にならないためである

・接待で重宝している某老舗の料理店や料亭も、「請求書払い」でなければならない。そもそも彼らはその場で客に支払わせる「おあいそ」などは、けっしてしない

「主」が反対している以上、**その部署の経費精算改革は、それでストップ**します。しなければなりません。

では某百貨店さんに交渉してきましょうか、とか、某料理店さんなどの例外を除いて、ほかはコーポレートカードに統一すればいいじゃないの、というわけにはいかないのです。

「主」は、反対だという意思を表明しておられる。そのために挙げた理由自体には、じつはたいした意味はないのです。

「主」にひとたび「NO」と表明されてしまったら、もうその時点で時短改革は失敗すると覚悟しておいてください。

まずは「主」への根回しから

「主」による「時短できない理由」に対して、「こうすればできますよ」などと対処法をいくら論じてもムダです。

ましてや、「時流に乗り遅れる」「働き方改革の第一歩が時短なのです」などといった正論を大所高所からぶつけたところで、逆効果しかありません。

「現場の主」が、ほかでもない古い仲間だったはずのあなたの時短改革に、なぜ反対するのか。

それは**「何をいまさら」という憤り**なのです。

「いままで会社は、オフィスでの『働かせ方』を《現場》に丸投げしてきて、私たちは自分たちで必死に工夫して対応してきた。それなのに、いまになって《現場》のやり方が悪かったって言うのか?」

改革に取り組むにあたっては、まずは**これまでの経営陣の無作為を反省**しなくてはいけません。

時短改革は、それまで《現場》が積み上げ、編み上げてきた業務プロセスを否定する行為です。**中でも「主」のプライドをいたく傷つけるもの**です。

まずは「主」に頭を下げましょう。社長室や経営企画部レベルを代わりに差し向けるのは論外です。

社長が自ら、「主」との面談を申し入れましょう。


ベテランである「主」のよりどころは、自分のプライドだけである。そんなことも珍しくありません。

入社以来ほぼ一貫して、経営陣と称する経営のアマチュアの方々の右往左往ぶりを見せつけられてきた。

社員を家族扱いする経営は過去のものとなり、会社はコストカット（とコンプライアンス）しか能がなくなった。

社宅や保養所の売却、確定給付年金から確定拠出年金へ、そして謎の「半期ごとの成果」査定が始まった。

「次から次とダメなやつしか経営者にならない、こんなポンコツな会社だけれども、**先輩**

や自分たちが丁寧に耕してきた『畑』だけは、自分の職歴の最後までは、しっかりと維持してみせる」

そういう方々に対して、職制を通じて社長→担当役員→本部長→部長と伝言ゲームで「このたびわが社は時短に取り組むことになった。ついては現場で知恵を絞ってもらいたい、以上」

などと言い放ったら、逆効果もいいところです。

社長が自ら「主」と1対1で会って、面と向かって話す。そこからです。

その際、すべきことはただ1つ。**率直に謝ること**です。これまでの経営陣の「丸投げの非」を認めるのです。

「これまで経営陣は、工場での工程はまだしも、オフィス現場の業務については何ひとつ理解しようとしてこなかった」

「経営の無策・不作為であり、その結果である時間外勤務をいまさら減らせというのは、まことに申し訳ない」

そのうえで、以下の3つを強調してください。

①社長である私の責任で、**私が指揮をとって時短改革を進めます。**けっして誰かに丸投げするようなことはしません。

②とはいえ長年、（たとえば）経理業務を仕切ってきた○○さんの知見がなければ、とうてい改革はできない。どうか、お知恵を貸してください。**これまでずっと、「こうだったらいいのに」とか「こんなの本当に無意味、やめればいいのに」と思ってこられたことを、すべて教えてください。**

③部署をとりまとめて会社に協力していただくようにするのは、あくまでも部門長の仕事です。**とりまとめ役を買って出てほしいなどとは、けっして言いません。**そんなリスクをあなた個人に負わせることはしません。

「説明会」の開催

「主」にとりまとめのリスクを背負わせないためにも、**部署の社員全員との「集会」を開催**します。「時短プロジェクト全体説明会」「実務推進者説明会」などプロジェクトの説明会のことです。

これは、**「社の決定事項を下達するための儀式」とはまったく違います。**

本来は、**社長のあなたがすべての部署の集会で語りかけるべき**でしょう。

しかし、どうしても1人では回りきれない場合には、社長の代わりにそこに立つ幹部たちに、どうコミュニケーションすべきかを教え込まなければなりません。**けっして幹部個人のアドリブに任せてはいけない。**

これはかなり重要なポイントで、**ここで幹部が失言すると、その部門だけでなく全社に瞬く間に拡散し、「あ〜、やっぱり」となります。**

幹部のみなさんには、具体的に対話の方法を教育しましょう。


社長判断で、その場に立たせないと決めたほうがいい人もいるかもしれません。

説明会が会社側の幹部や担当者に対する「つるし上げ集会」になる場合も多いです。そこでうろたえて、つい、

「これまでの現場のやり方にムダがあった」

などと口走りそうな幹部は、社員の前に出してはいけません。

時短改革は、従来の業務の否定にほかなりません。

しかし、悪いのはムダだらけの業務プロセスを積み上げて編み上げてしまった現場ではなく、**業務プロセスづくりをそれぞれのオフィス現場に丸投げしてきた歴代の経営陣**です。

そこをごまかさず、きっちりと説明しきれる方でなければ、壇上に上がらせてはいけません。

私たちも、電通では部署ごとに何度もプロジェクト説明会を開いてもらいました。

重要なことは、時間配分です。60分中50分、こちらが延々と説明して（しかも、文字がぎっしりのつまらないスライドを恥ずかしげもなく堂々と投影して）、はい最後10分質疑応答、ではダメです。

説明は長くても20分、質疑応答に40分かけるつもりで行いましょう。そして集まったみなさんから、

「会社はこれまで業務をわれわれ現場に丸投げしてきたのに、急に協力しろとはどういうことか？」

「業務のムダを現場のせいにして、また経営陣だけ逃げ切ろうと思っていないか？」

「ずいぶん身勝手だと思わないか？」

といった追及の声を、どんどんあげてもらいましょう。

電通の場合は、事情が若干特殊でした。

まず社員が、時短改革が急務であることをじゅうじゅう認識していた。そして何よりも会社の丸投げを責める気持ちがほとんどない。**これまで業務プロセスを現場ごとにカスタマイズしてつくり込んできたことを、むしろみなが「是」としていました。**

ですから、説明会で紛糾したのは、「会社の不誠実さを問う」といった話ではなく、**「まさか、会社が業務プロセスを全社まとめて標準化できるなんて、勘違いをしていないだろうな？」**

そういう切実な問いかけでした。

こういった現場の実情を、**説明会という場をもって、あえて言葉にして吐き出してもらってください。**これは**改革プロセスの初期にかならず通らなければならない、重要な関門**です。

改革に「協力的すぎる人」は要注意

少し角度の変わる話をしましょう。

説明会を行ったりして、時短改革をスタートさせると、しばしばこういう方が現れます。

「時短に大賛成です！　ぜひ今回の改革に協力させてください！」

現場の説得に四苦八苦している改革担当者からすれば、砂漠で見つけたオアシスのような希望の光に思えるかもしれません。

「あなたのような存在を待っていた！　いっしょに時短に取り組んでいこう！」

こうして手を携えて共に改革を進めていく……という前に、慎重になってください。

改革担当者の危機意識として、**「私も改革に参加したいです！」と名乗り出てくる社員は「要注意」**だというアンテナを張っておきましょう。

なぜ、改革に協力的すぎる人は要注意なのでしょうか。

繰り返しますが、時短を含めたあらゆる改革は、**既存の業務を否定する荒療治**です。現場で頼られている「現場の主」をはじめ、業務をしっかりとこなしてきた方々ほど、改革に前向きではありません。改革の効果は十分わかっても、**その過程でどのくらい面倒なことになるか、それがわかっているからこそ後ろ向き**なのです。


本当に重要な仕事を頼むなら、「面倒くせえなあ、ほんとにやらなきゃだめ?」と渋い顔をする人にこそ頼むとよい、と言われます。

「面倒くさい」と言うのは、その人が、その業務を完遂させるまでのプロセスを頭に描けるからです。その間に必要なリソース・調整・リスクなどなどを、瞬時にリストアップできるからこそ「面倒くさい」と感じるのです。

「あんた、簡単に時短って言うけど、それがどんなに大変かわからないだろ?」

こう言ってくれる経験豊かな方を説得して仕事を引き受けてもらえば、準備不足や甘い見通しで失敗するリスクは格段に減ります。

逆に**「よろこんで！」と改革に対してまっさきに賛同の手を挙げる方は、それがどんなに困難で長い登り坂であるか、わかっていない恐れがあります。**

この時短改革が「スイスイ進むだろう」「楽勝じゃね？」と思ったのかもしれません。

そういう方は、プロジェクトの開始前は元気だったのに、いざ始まってみると静かになる。そして「みなさん言うことを聞いてくれないいんですよ」とか、「会社からもっと強く『事務局メンバーの言うとおりにしろ』と落としてくれないんですかね？」などと言い出す。

もしかしたら、会社のチカラをバックに、個人的に絶大なパワーを得られるとでも勘違いしたからこそ、事務局メンバーに手を挙げたのかもしれません。

もっと言うと、手を挙げた原動力が**「いまの職場への不満」**である可能性もあります。業務プロセスへの不満というより、人間関係への不満。同僚に対して恨みを抱いている場合すらもあるでしょう。

そういう人は業務にあまり精通していなかったり、周囲からの信頼が薄いため、仕事がさほど振られていません。だからこそ「改革というイベント（しかも会社主催）」に手を挙げたのかもしれません。

「無能な味方は、最大の敵」という言葉もあります。それを察知する危機意識はもっておきましょう。

社員が恐れる「職場での村八分」

先ほどの「現場集会」ですが、行う前にはかならず**ていねいに「主」の理解を得てください。**

何のために「主」に前触れするか。ひとつには、**「あなたに最初に聞いていただく」という会社の姿勢を示すため**です。

そしてもうひとつ、**「主」に現場をとりまとめてもらいたいなどとはけっして考えていないと「立場を保証」すること**です。

その線で言いますと、「主」に「会社側に有利な『やらせ発言』」を依頼するなどは、下の下策です。

近年**「社員の心理的安全性」**が注目されています。これはハーバード・ビジネス・スクールのエイミー・C・エドモンドソン教授によって提唱された心理学用語で、「チームにおいて、『他のメンバーが自分の発言を拒絶したり、罰を与えたりしない』という確信をもっている状態」を指しています。

要するに、「立場が保証されている」ということです。たんに報酬や地位だけではなく、**《現場》の中での立場に傷がつかないこと**が明白でないかぎり、現場の社員はけっして動きません。

このことを、経営者の方々は忘れてしまいがちです。

現場の改革に取り組む人は、同僚からは受け入れられにくい。それは、極端に言うと「内部告発をする人」と似た位置づけになるからです。

組織の現状を否定する行為が「裏切者扱い」されてしまうわけです。その結果、職場で村八分状態になることさえある。

近年、企業のコンプライアンス遵守の流れから、「ハラスメントや横領、組織ぐるみの不正や偽造などを内部告発した人」は、報復から守られるという制度ができています。いちおう建前はそうなっている。

しかし、**不正の内部告発と違って、改革に取り組む人の場合は、その人を守るという制度や法律はありません。**建前すら存在しないのです。

そのため多くの会社で、改革に取り組む人は、職場の「変えたくない人たち」から辛い目に遭っています。それがその《現場》の「主」の意思であることも、当然珍しくありません。


これまで会社の経営陣が改革者を村八分の陰惨さから守ってきたとは言えない。

なぜ「改革のためと称して会社が導入してきた新ツール」を、誰も使おうとしないのか。

なぜ「面従腹背」でトップの命令をスルーするのか。

それは、**「改革」にうっかり手を貸したばかりに、職場で「立場」「居場所」をなくすことを社員が恐れているから**なのです。

経営者がその根本理由を直視せず、「社員はとにかく変化がイヤなんだ」と自社の人材を責めても、改革は前進しません。

時短のプロセスを時短してはいけない

【鉄則3】をここまで読んでこられた方は、こう思っているかもしれません。

「これ、要は**丁寧に『根回し』しろ**ってことじゃないか？」

そのとおりです。

時短に取り組もうとして頓挫する会社の多くは、時短のプロセス自体を「時短」しようとして失敗します。

現場を説得する手間や労力は、絶対に省いてはいけませんし、手を抜いてもいけません。

改革を主導する立場の人は、自社の社員たちを「軽く見ている」ことが多い。「同じ社員だからわかってくれるだろう」と油断していることもあります。そのため、**丁寧に説得する手間を省いてしまいがち**です。

商売の鉄則として、顧客の満足（Customers' Satisfaction、ＣＳ）を最優先すべきとされた時代が長く続きました。「お客様は神様」精神ですね。

しかしいまは、最初に自社の社員の満足（Employees' Satisfaction、ＥＳ）があるべきだという考えが主流になりつつあります。

「ＣＳよりＥＳ」。社員が不満たらたらな状況で顧客にすばらしい体験をしていただくなんて、とうてい無理な話だということです。

クライアントへの提案、説明、説得、そしてお願いも含めて、どれだけ時間と手間とコストをかけるかを考えてみてください。

クライアントを驚かせ、喜ばせ、ライバル社より当社を選んでいただくために、いったいどのくらいの分厚い準備を重ねるか、思い出してください。

それと同じように、いや、**それよりも丁寧に、自社のメンバーに向き合う**のです。

そう聞いて「笑わせるな、何のために毎月、安くない給料を払っていると思っているんだ」と感じてしまったら、あなたの「経営観」は相当大がかりなアップデートが必要です。アプリを更新するだけでなく、ＯＳから入れ替えないといけませんね。

この新しいＯＳは**「人的資本経営」**と呼ばれるようになっています。要するに、**人材から見捨てられるような企業が、顧客に選ばれ続けて持続的に成長するなんてことは、金輪**

際あり得ないということです。

「自社の社員を説得するプロセスこそ、けっして時短してはいけない」

ちなみにこれは、ご家族に対するコミュニケーションにも、通じるものがあるかもしれません。

鉄則3　現場の主は社長が自分で口説こう　ポイント

①「現場の主」への根回し→「集会」を開催→効果的なツールを渡す。この順番で進める
②「改革に取り組む人」は、職場で浮いてしまう。そのことを理解する
③現場の説得のプロセスを「時短」してはいけない

鉄則 4

現場の「すべて」を肯定しよう

「ムダな業務のリストアップ指示」は最悪手！

トップが現場の「主」の心をつかむ……まではいかなくても、いちおうの意思疎通はできるようになる。そして現場での「集会」も実施する。そうしましたら、いよいよ実際に時短の取り組みに入っていきます。

取り組みが本格化する前に、すでに改革担当の役員と実行チームがアサインされていることと思います。ここでかならずと言っていいほど、次のような意見が担当役員からあがります。

「現場に、ムダな業務をリストアップさせよう」

改革推進チームがこれを言っては、絶対にダメです。けっして言わせてはいけません。逆に、トップ自らこう発信してください。

「これまで会社がムリに押しつけてきたムダな業務を、リストアップしてわれわれに教え

てください」

このトップのセリフこそが、時短改革という従来の業務を改めていくプロジェクトの成否を左右します。

時短が必要な状況になったのはすべて、会社が無関心だったのが悪い。**工場と異なりオフィスのプロセス構築を、すべて現場に丸投げしてきた経営陣の責任である。**その認識に立って時短改革を進めていくという姿勢を一貫させなければいけません。

ですから、**「おまえたちのムダな業務リスト」をつくらせるなどは論外**です。

「ムダがあるとすれば、それは会社が《現場》に押しつけてきたものだけである」

このステートメントをけっして揺るがさず、また推進事務局メンバーにも徹底してください。これこそが、**鉄則4「現場の『すべて』を肯定しよう」**の姿勢です。

「何の業務に、何時間使っているか？」をリストアップ

現状を肯定してしまったら、いったいどうやって時短を進めていけばいいのか？

「はい、おっしゃるとおり、われわれにムダはありません」

と開き直られたら手のつけようがないではないか？

ここで次のステップ、**「現状の徹底把握」**という大きな一歩を踏み出します。

「あなたは何の業務のどの工程に、それぞれ何時間を使っていますか？」

という調査の実施です。

このとき、設問の立て方が非常に重要になります。

①「ムダな業務」をリストアップさせるのではなく、現状のすべての業務について、各業務にどれだけの時間がかかっているかだけを調査する。つまり「必要か、ムダか」という評価はいっさい入れずに、調査を進める

②業務単位ではなく、その業務を構成する「工程」単位に分解する

③期間は「月間」を基準とする。ただし、四半期に1回や年に1回しか行われないような業務に関しては、それぞれ別途把握する

業務はどれくらい分解すべきか

①については先ほど述べたとおりですので、②「業務を工程に分解する」について詳しく説明しましょう。

「会議用の資料作成」という業務を例にとります。ここで、

「会議の資料作成（という業務）にどのくらいの時間をかけていますか」

と聞くのではなく、

「会議の資料作成を5工程に分けたとすると、各工程にどれほどの時間をかけていますか」と質問します。

業務は多くの場合、複数の工程から成り立っています。結果的に業務の時間を短縮した

いわけですが、そのためには1つひとつの工程の所要時間を減らすしかありません。それができないなら、業務そのものをやめてしまうかです。

時短改革を進めるうえでの最重要ポイントは、**時短対象の業務を工程単位で見ること**です。これはかつて工場の生産管理を徹底する際にはあたりまえのことでした。

経営者が、工場改革と同じ視点をもってオフィスの時短をはかろうとしているという姿勢それ自体が、社員の納得を得るカギとなります。これはメーカーにかぎらず、工場部門がない企業でも同様です。

（例）会議用の資料作成業務
工程①　議題に沿って情報を収集する……2時間
工程②　資料にまとめる内容を考える……2時間
工程③　パワーポイントで20枚のプレゼン資料を作成……3時間
工程④　管理職への事前説明とそれによる手直し……1時間
工程⑤　会議の参加者30名分の資料を印刷しホチキスで留めて会議室の机上に配布……1時間
※以上、トータル9時間

このように各工程に何時間かかっているかを、業務ごとにリストアップしてもらいます。すでにお気づきでしょうが、業務をどのような工程に分解するかを社員個々人に任せると、てんでんばらばらとなり、集計すらできなくなります。そこで業務をたとえば次のように分類し、それぞれについて**会社として統一の工程一覧を提示**します。

業務ａ：全社で広く行われるもの。たとえば「会議の資料作成」「経費の仮払い精算申請」
業務ｂ：特定の部門内で広く行われる業務。たとえば広告制作部門における「テレビＣＭ撮影」
業務ｃ：部門を超えて、管理職や専門職が行う業務。たとえば「人事査定」
業務ｄ：汎用性がない業務

ａ、ｂ、ｃは会社側で一元的に工程の一覧表を作成し、それを配布して記入してもらいます。この**工程一覧表をつくる際には、聞き取り調査を徹底**しなければなりません。

ここで、各部門や各専門職の「主」のもとに経営者が足を運んで頭を下げたことが活きできます。

《現場》ではどのような業務が行われているのか、そして、それらはどのような工程で行われているのか。**「主」たちの全面的協力があれば、多くの社員が納得する調査票ができあがり、記入もスムーズになります。**

なんといっても調査が会社からの押しつけでなく、その設計に「主」が参加していると知れば、《現場》のみなさんは調査に協力的になります。

この調査票の作成には、**少なくとも2カ月ほどの時間が必要**となるでしょう。そこを時短してはいけません。

しかしながら、2カ月以上をかけてはいけません。調査票づくりにあまり凝りすぎると、工程のレベルがどんどん詳細になっていき、ついには社員の1つひとつの身体動作まで対象としかねない。それでは調査の目的を見失ってしまうからです。

調査する工程のレベルを細分化しすぎないことが肝要で、そのためにも調査設計は2カ月で終わらせるように指示しましょう。

各業務工程を「棚卸し」する

さて、調査票ができたら、次は**「工程棚卸し」、調査票への回答**です。この回答作業にも、のべで2営業日くらいかかってしまうでしょう。小分けに進めれば回答までに2週間くらいかかってしまうかもしれません。

「時短をしようと呼びかけておいて、余計な仕事を増やすとは何ごとだ」

と、社員のみなさんはかなり不満や疑問をもつと思います。

しかし、その**集計結果を目の当たりにすれば、かならず、みなさんの意識は変わります。**それを信じて回答をうながしてください。

なお、かならず一定の割合で、何でも「その他」に入れてくる方がおられます。粘り強く説得を試みてください。ただしどうしてもポリシーを曲げてくださらないとか、あるいはそもそもこのような「棚卸し」作業がきわめて苦手なのであれば、その方のデータは集計から外すしかありません。

電通では、会社が、不退転の覚悟で全社員6000人以上の調査を断行しました。上記のような不満や疑問が各部門からあがりましたし、事務局に対してもかなり剣呑な意見が寄せ続けられました。

1カ月後、どうにかこうにかほとんどすべての社員の工程の棚卸しが終わりました。その結果を見て、社内の空気があきらかに変わりました。**自分たちが「業務」の名のもとに、知的作業のために活用していると信じてきた時間の多くが、じつはたんなる「作業」に費やされていた**ことがわかったからです。

「いまやっていることは正しい。ただ時間を短縮するだけ」

電通では、**部署ごとに数回ずつ社員ミーティングを開催**しました。そこで「工程棚卸しリスト」を精査していきました。

工程のリストは全社で数万件にもおよびました。その1つひとつについて、現場の意思を尊重しながら、**「工程を高速化できないか」「工程を省略できないか」「工程といわず、業務そのものをなくせないか」**を検討していったのです。

さきほどの「会議資料作成業務」でいえば、工程①「情報収集」は社外の有料情報サイトを活用する案が出ました。いまなら生成ＡＩも使えますね。

業務③「資料作成」も、ＡＩで下書きすればいいじゃないか、という考えが浮かびます。

そしてハイライトは⑤「会議室での紙の資料セットアップ」です。

事務局から「参加者30名分の資料を印刷しホチキスで留めるって、具体的にどんな感じでやってらっしゃるんですか？」などと水を向けます。

担当の社員は「資料準備は単純に見えて奥が深いんですよ。そのまま印刷するとＡ３の大きさになってしまうところを、ファイルしやすいようにＡ４サイズに２つに谷折りしてあげて、もう１回山折りする。それからホチキス留めするんです……」

このようなリアルな苦労話から、なるほど資料を印刷して配るだけで１時間かかるわけだ、と一同納得します。

まさしく「こんなこと」に、月間で累計何時間も使っているのか！　それがくっきりと見えてきます。

そうなって初めて、

「資料は紙に印刷せずにＰＤＦを送信すればいいではないか。会議出席者には各々のパソコンを持参させ、そこでその資料ＰＤＦを見てもらう。そして会議室の大きなモニターにも同じ資料を投影しておく」

という改善案について検討できる状態になるのです。

この状態まで「暖める」ために、延々と時間をかけて工程の棚卸しを行うのです。

その壮大な前段があってこそ、初めて、現場のみなさんが「紙に印刷する必要はないのかもしれない」と言ってくださる。

繰り返しますが、**時短改革そのものを時短してはいけません**。

会議の準備の一工程でこれだけの時間がかかっている。それをくっきりと示す。

すると、ある段階で**《現場》から「そもそも会議の資料は印刷しなくてもいいかもしれない……」と言ってくれる瞬間**がきます。

「それならば、データ共有だけですむのですね。会議のたびに1時間分は時短できますね。すばらしいアイデア、ありがとうございます！」

この会話を積み上げていきます。

そういう段取りを踏まずにいきなり、

「この時代に、なんで30名分わざわざ紙にプリントしているんですか？　時間も紙ももったいない、わかりますよね？」

などと一刀両断してはいけません。

《現場》の現状を絶対に否定しない、そのうえで「そこまでやるんですか？」と言われるほどの熱量をもって、圧倒的なデータを揃える。

時短改革に限らず、いまの「エビデンス至上主義」全盛のビジネスシーンで人の心を動かすのは、こうした愚直な働きかけしかありません。

「非コア業務」をＲＰＡ（業務自動化）にシフト

電通の時短改革で全工程の棚卸しを行った際には、対象の工程を社外にお願いできないか（アウトソーシング）、もしくは高速化できないか、についても検討しました。

その際に導入したツールが、2017年当時はまだ日本では珍しかった「RPA（Robotic Process Automation：ロボットによる業務自動化）」です。

ロボットといっても、工場と違い、目に見えて触ることのできる機械が動いているわけではありません。オフィスワーカーがふだんパソコンで行っている作業を自動的に再現してくれるプログラムが、RPAです。

「社内の会計システムからクライアントごとのデータを抽出して、エクセルの表にまとめる」などといった定型化された作業に対しては、大いに力を発揮します。たとえば、これまで人の手で2～3時間はかかっていた表の作成をわずか3～4分で終えてしまうなども珍しくありません。

いまでこそRPA導入企業は増えましたが、電通が時短改革に取り組んだ2017年当時はまだ珍しい存在でした。

もちろんわれわれとしても、RPAで解決できる問題はほんの一部であることはわかっていました。それでも、**時短改革の柱になり、注目を集めるシンボルとしては十分に活用できる**と考えたのです。

また会社には、RPAが時短だけでなく、これも当時話題になり始めていたデジタルトランスフォーメーション（ＤＸ）の第一歩になり得るのではないかという期待もありました。

「職人仕事」を貫いてきた現場との軋轢

ＲＰＡというツールも、その導入がすんなりと進んだわけではありません。

導入後にそのＲＰＡを利用するのは《現場》です。**彼らにこの新しいツールを使うことをよしとしてもらえるか、**それが課題でした。

各担当者の「職人仕事」で進めてきた業務を、「時短です！　工程の短縮です！　とにかくＲＰＡに替えちゃいましょう！」などと強引に切り替えたところで、《現場》がそのツールを使ってくれなければ、ただのお金のムダになります。

まずは現状を肯定すること。

「いまの工程をそのままに、ただ時間を短縮するだけ」

と言い続け、けっして現場個人の職人仕事を否定しませんでした。**現状をそのままロボット化する**という条件で、《現場》にＲＰＡ利用をうながしたわけです。

これについてはのちに、まったくおつきあいのないコンサルタントの方々から、

「電通の小柳のやり方は間違っている。旧態依然たる業務プロセスをそのまま自動化するとは何ごとか」

「すべての業務プロセスをキレイにつくり直してから、ロボット化すべきだ」

などとご批判もいただきました。

われわれの改革には、2年間というタイムリミットがありました。悠長に、とは言いませんが、**既存の業務プロセスを「否定」したうえで、一から新しいプロセスをつくり上げるという時間は、われわれにはありませんでした。**

もしそれをやっていたら、2年たっても1つの工程もRPA化できなかったのではないかとすら思います。

また、こんなこともありました。あるとき若手の管理職たちに会議室へ呼び出され、このように問い質されたのです。

「業務を自動化しては、新人教育になりません」

「若い世代に『魂の継承』ができなくなります」

「私たちに仕事を叩き込んでくれた小柳さんが、率先してロボット化を進めようとするのは、情けないですよ」

たしかに新人のみなさんは、データを集めて図表や資料にまとめる作業を通じて、ビジネスの基本を学んでいきます。

かつての後輩たちに詰め寄られながら私は、

「2週間だけ時間をくれないか。みんなが納得してくれる自動化プログラムを見せられるようにするから」

と言い続けました。

そしてRPAを実際に現場で実演してみると、数時間かかっていた表の作成が、わずか1分で終わってしまいました。これにはみなあっけにとられ、2年目の社員が、

「私の1年間は、何だったんでしょうね」

と苦笑すると、みなからも笑いが出るほどでした（このRPAは、その社員の作業工程を忠実にロボットに覚えさせたものだったのです）。

こうやって**肌で理解してもらえると、現場のほうがRPAに対して積極的に取り組み始**

めるようになりました。

現場の業務を否定して上から一律に自動化を押しつけるのではなく、**現場の業務を肯定し、「ただ時間を短縮するだけ」という姿勢で「工程そのまま高速化」を貫いたことで、プライドをもって仕事をしてきた《現場》に受け入れられた**と思っています。

鉄則4　現場の「すべて」を肯定しよう　ポイント

①「業務のムダ」を列挙させるのは悪手。現場の反発を生んで時短が進まなくなる
②まずはいまの業務をすべて棚卸しする。その際、その業務の「要・不要」は問わない
③棚卸しの結果を現場と共有し、現場から時短の案が出るように話を進める

鉄則 5

トラブル処理は「すべて」引き受けよう

クライアントが激怒！　さあどうする？

鉄則1「社長は『私欲』で訴えよう」で、トップが不退転の意思で臨んでいることを社員に知ってもらうことが大切だと述べました。

時短を進めていくと、**社内外で大小さまざまなトラブルがかならず発生します。**社内での反発はなんとか説得できたとしても、社外からの反応には気を遣います。

とくに大口のクライアントから反対された場合、トップが毅然とした態度で時短の意義を説明し、納得してもらえるかどうかは、改革の成否にかかわる大問題です。

社内で威勢のいいことを言っていたのに、**大口クライアントからのクレームであっさり時短を取りやめるようでは、社員は会社への不信感を募らせるだけ**でしょう。

最悪なのは、クライアントの圧力にトップが日和ってしまい、なおかつ対応を現場に丸投げするというパターンです。

「社長！　某メーカーさんが『時短なんてけしからん』とめちゃくちゃ怒ってます。夜の

10時から会議をやると言われたのですが、どうしましょうか？」
「ああ～、それはしかたないね。とりあえず、その日は夜10時になってもビルを開けて会議につきあってあげて。うまくやっといてよ」

こんな対応でお茶を濁そうものなら、改革などできっこありません。

たとえクライアントからのクレームはやり過ごせたとしても、現場に**「やっぱり社長は本気で時短をやるつもりはないのだ」**というあきらめムードが浸透してしまいます。

そのあとでいくら威勢のいい言葉を並べても、もはや社内でまともに受け取る人間はいないでしょう。

時短を推し進めようとするときに問題となるのは、**外部のステークホルダー（利害関係者）との関係**です。

その過程で起こる**さまざまなトラブル処理を、トップが責任をもって引き受ける覚悟**が何よりも重要です。トップに覚悟があれば、トラブル発生というピンチを、社内に改革への決意を浸透させるチャンスに転じることができるのです。

ライバル会社からの攻勢

電通の時短改革は、社会的インパクトも大きかったせいか、社外からの大小さまざまな反応がありました。

時短の取り組みとして導入された制度の1つに「インプットホリデー」がありました。月に1日、公休を増やして社員に休みをとってもらう制度です。

それを知ったあるライバル企業が、電通がインプットホリデーを初めて実施した日、クライアント企業を役員まで総出で訪問するというできごとがありました。

「おっ、今日は電通さんがいない日ですね〜」

ふだん電通よりスマートな所作が際立つライバル企業にしては珍しい戦法だったので、業界中の話題になりました。

また、電通の社員はあちこちで、「商習慣」や「電通たるもの、かくあるべし」のカベにあたっていました。

「クライアントの中に、金曜日夕方に作業依頼をくださって『月曜朝に見せて』というリズムがあたりまえになっている方がおられるので、週末の作業が必須」
「請求書は紙で発行して直接持参しないと受け取ってくださらない得意先がおられる。郵送さえもNGなので、PDFをメールで送るなど論外」
「プライベートのご事情で帰宅したがらないクライアントがいて、少なくとも週に2回は深夜までつきあってさしあげなければいけない」

こういった現実を1つひとつ見直していかなければ、時短は実現できません。社内だけで完結する業務ならば、効率化すれば時短できる。しかし、「調整」が本質である広告会社である以上、**社内で完結する業務などほとんどない**わけです。

ここで、前章で紹介した**「業務・工程の棚卸し」の続き**です。**全業務を「社内で完結している」「社外の取引先と協働（コラボ）している」と分類する段階**です。

まず前者について、**①自動化やアウトソーシング、②工程そのものをなくす、③工程の集合である社内業務自体をなくす、という順番で検討**を行います。企業によっては、この社内業務の見直しだけで相当な効果を得ることができるでしょう。

次いで、後者の「社外とのコラボ業務」です。これは社内業務とは逆に、**「その業務をなくせないのか」から検討します。**

業務ごとなくせるのならば、社外のどこのどなたに、誰がお願いにうかがえばよいのか。なくせない業務であるならば、その業務の工程を高速化・外注化・簡略化できないか。この順序で「すべて」検討します。

これは**「《現場》にムダな業務の一覧リストを出させる」という雑なやり方の、まさに対極**です。やっている社員たち自身が、自分たちの圧倒的な徹底ぶりに「ここまでやるか」と驚くくらいでなければ、日本の誇り高きオフィスワーカーは動きません。

当時、社外からはこういう声も多数寄せられました。

「超大手の電通は、自分たちだけ時短して、そのシワ寄せを中小・零細企業の外注先に押しつけるつもりだろう」

もちろんそんな意図はまったくありませんでしたが、とにかくこのように、**社外からの**

反応はかなりキツいです。時短に限らず、改革は何でもそうでしょう。

こういうとき、いくら責任感が強く精神的にタフでも、それだけではとうてい乗り切れないと思います。

だからこそ**《鬼時短》は、「抑えきれない心からの本当の欲求」によるものでなければいけない**のです。

仮にここで得意先に迎合しても、そんな会社からは優秀な人材が逃げ去っていく。そうすれば、圧力をかけてきた得意先が、まっさきに御社を切るでしょう。

「あのとき、よくわれわれの言うことを聞いて、時短をあきらめてくれたな。いまやロクな人材が残っていないようだが、御社への発注はやめないよ」

そんなクライアントがいるはずがありません。

人材がスカスカの旧態依然たる労働時間集約企業。そんな会社の社長と呼ばれるのはイヤだし、悔しい。そう心から思うなら、

「取引先への説得が必要な場合は、私、社長が、どこへでもうかがいます」

そういう言葉が、ウソ偽りなく口から出てくるはずです。

それで初めて、**社員のみなさんが「面従腹背」をやめてくれる。**「やっている感」の演出などではないんだなと気づいてくれる。

さらには**「これはもはや、『改革に非協力的だ』と周りから思われるのがまずい状況だな」**、つまり協力するほうが合理的だと思ってもらえるのです。

日常業務でもトラブルにトップが対応

さきに登場した、インターネット広告会社での事例です。

実際にメディアに広告を出稿する業務はパソコン上で行われますが、とても複雑かつ大量です。同社はこの業務工程の高速化に挑戦していました。すると、**速さのトレードオフ（ひきかえ）に、発注操作の際の人為的ミスが増加してしまった**のです。

それはあらかじめ織り込んでいたことでもあり、その後、優秀なメンバーの学習効果で、人為的ミスは激減していきました。

しかしその過渡期には、ミスをした担当者や周囲の人間に大きな負荷がかかります。そこで経営陣は、強いメッセージを社内に発しました。

「いまミスが増えているのは、経営陣による時短改革のせいである。**責任は経営陣にある**」

「だから、ミスをしたらすぐにチームをあげて対応してほしい。取引先にご迷惑がかかったのなら、**幹部がすぐにお詫びする**」

「そのために、ミスをしたら『**30分以内に**』**経営陣まで報告**してほしい（具体的には、直属上司にCCしつつ、副社長の私に直接メールする）」

「『30分以内に』報告してくれたならば、**会社はけっして担当者を責めないし、むしろ全力でその社員を守る**」

「しかし、仮に**隠し通そうとした場合は、会社の全員をリスクにさらしたとして、厳しく処分**する」

発端となるミスやトラブル自体は軽微なものだったにもかかわらず、上司への報告をためらっているうちに、事態がどんどん悪化してしまう。被害が拡大してしまったために、さらに報告がしにくくなってしまい、時間だけが刻々と過ぎていく……。

そんな悲劇を防ぐために、**副社長の私自身が、ミスが元どおり減るまでの期間、「事故処理責任者」になった**のです。そして、社員が起こしたあらゆるミスは速やかに私へ報告するフローを徹底させました。

これは、通常の「現場社員↓中間管理者↓全体管理者」のバケツリレーを高速で回す、ということではありません。それでは30分以内と定めた意味がない。

そうではなく、**現場社員から、中間管理者と全体管理者に同時に直接報告を入れる**のです。

自分で言うのも何ですが、全体管理者となる経営者の負担はかなりのものでした。しかし「そこまでやるか」と思われる**圧倒的なハードワーク**を認めてもらえなければ、だれからも支持されません。

現場にトップの「覚悟」を見せる

時短を進めることで生じるトラブルを、いったんすべて引き受ける。それは、**社員のみなさんにトップの覚悟を見ていただくため**でもあります。

経営者のあなたにとって、「そこまではやらない」という理由を挙げるのはカンタンでしょう。しかし、これまでのようにまた逃げるのであれば、コンサルタントからシステムを買い、教わった「改善策」をいくら講じたところで、ムダになることは目に見えています。

時短に限らず、どのような改革を行うにせよ、現場からはネガティブな反応が返ってきます。

「ハンコをなくそう」という改革を行おうとすれば、

「ハンコをやめたいと申し上げたら、お得意先のAさんが怒ったのですが、どうするんですか？」

このような声がかならずあがってくる。

このとき、社員はハンコ廃止に反対しているのではありません。**あなたが「言っているだけ」ではないことを早めに確認したい**のです。うっかり真に受けて、あとでハシゴを外されたら目も当てられないからです。

だからこそ、あなたが**「そこは、おまえらがうまくやれ」と逃げ口上をキメたら、そこで改革はおしまい**です。

そうではなく、**トップ自らAさんのもとに出向いて**「わが社はこの機会にどうしてもハンコをなくしたいのです。どうかご理解ください」と、頭を下げたらどうでしょうか。

その目的は、対峙している取引先を納得させることではありません。まして「やっている感」のための芝居でもありません。

あなたが得意先に「時短させてほしい」と頭を下げる背中を見て、**「時短でトラブルが起きても、会社は（これまでと違って）ハシゴを外さない」**という安心感をもってもらうためです。

それどころか**「これは、むしろ、改革に協力しないとまずい」**という気持ちになってもらうことこそが肝要です。得意先のAさんは最後までハンコをなくしてくれないかもしれませんが、それ以上の価値が社内に生まれます。

トップの振る舞いによって醸成された**「少なくとも、この時短改革には、乗っかっても安全だし、乗っかっておかないと危ない」**という認識が広がること。

それこそが、永久凍土のようにカチコチに凝り固まった古き「文化」を、少しずつ雪解けさせる力になるでしょう。

現場から不満が出たら好機

ミスを30分以内に通報する運動を展開すると、社内から不満があがります。古参の幹部らが、

「そんな甘いことでは、若い人たちは育ちません。叱られて育つやつだけがホンモノです！」

「みんな、『副社長に連絡さえすれば、いくらミスしてもいいってことだね～』などと陰口を叩いていますよ」

と注進してくる。というか、暗に「早くこんな愚行はやめろ」と言ってくる。

それこそが、好機です。トップが、**幹部のみなさんを、しっかりと説得するチャンス**です。

「30分ルール」は、あくまで時短のための「手段」であると。

私たちの最優先の「目的」は時短であり、「隠蔽されたミスの後始末にかけるぼう大なムダ時間」を減らすための「30分ルール」なのだと。

「どんなに『ユルい経営陣だ』と笑われてもよい。ミスを自分1人で解決しようとして大火事にされてしまうより、ずっとましです。

これまで、取引先から当方のミスを指摘されてしまうという最悪の事態も、何度もあった。これも担当者が『叱られる』からとミスを隠そうとしたからです。

その後始末に、われわれ幹部も含めて、どれだけの時間をかけたか、忘れたのですか？」

経営トップは、**いつなんどきでも「時短ファースト」を繰り返し言い続ける**ことです。

そうしてあげないと、中間幹部たちは「時短ばかりを優先すべきでない」とバランスをとろうとする。当然です。そういうふうにバランスがとれるからこそ、管理職に選ばれた方々なのですから。ここで反論してくれないようでは、むしろ不安です。

「社長は、時短さえできれば、甘ったれたやつらがのさばる会社になってもいいとおっしゃるのですか？」

そう言ってバランスを志向する中間幹部たちに、これまでのような逃げ口上はけっして口にしてはいけません。

「なあ、私を困らせるなよ……」

「そこをうまくやるのが、きみたちの腕の見せどころだろう～?」

こんなことを言ったら、時短改革はゲームオーバーです。はっきりと、**アンバランス宣言**をしましょう。

「いまは平時ではない。改革中である。

ゆえに、ミスの処理のためのムダ時間を減らすことを、再優先する。**ミスの発生そのものを減らすのは、『ミス後の時短』が達成できてから**だ」

そう言って幹部のみなさんに頭を下げましょう。

すべてはあなたの心からの欲求のせいなので、**「長時間労働が当然というようなダメ会社は、もう本当にイヤなんだ、わがままでごめん」**とお詫びするのです

ミスを減らすには「ミスは責められる」と考えさせないこと

「30分以内報告ルール」は、それだけではたしかに、ミスを減らすことにはつながりません。

ですから、先の社長の幹部へのお詫びにもあったとおり、30分ルールで**「ミスの後始末のムダ時間」が大幅に減ったら、次は「ミスそのものを減らすこと」を徹底的に考えるべき**です。そうでなければ、時短改革は完成しません。

その際には、明確に指示を出してください。

「ミスをなくすには、ミスを撲滅するのではない。**ミスはかならず発生するという認識のもと、ミスを発見して修正できるようにする**こと」

これは屁理屈ではありません。

ミスを犯して取引先に「再発防止策」を提出するとき、「ダブルチェック・トリプルチェックを徹底いたします」と決まり文句を書きます。しかし、社員が「ミスはないはずだが、きまりだから一応チェックする」という態度では、何重にチェックしたところでミスは発見できません。

「どれだけ注意しても、人間には『絶対』はない」などという程度では、ミスは発見できません。

他者の作業には「かならず」ミスが含まれているという前提に立って、そこに「かならず」あるミスを見つけるというチェックでなければいけないのです。

こう申し上げると「部下を信頼できないのか」とお門違いの激情をむきだしにする方がおられます。

そういう方々にうかがいます。小学校以来、テストで100点満点をとったことが、何回ありますか？「試験」「小テスト」「ドリル」などで、まったく間違いのない完璧な答案を提出できたことが、何回ありますか？

みなさんの答案を採点した先生方は、「私の生徒にはミスがなく、デフォルトで100点なのだが、きまりだから一応チェックしてみよう」などとは思っていなかったでしょう。「かならず」間違いがあるから、そこにバツをつける。そのつもりで採点していたはずです。

それが「生徒を信頼していない」ことになるでしょうか？

ましてオフィスは、教育の場ではありません。取引先のために価値を生み出す仕事の場です。

ミスを減らすためには、「全員がかならずミスを犯し続けている」ことを、全員で認め合うこと。これを現場に徹底させてください。

ミスを犯すのは「注意力が欠けていた」から、「仕事に情熱や責任感が足りない」から、「いいかげんな給料泥棒」だから……と責め合う慣習を、厳しく取り締まってください。

それこそが、《鬼時短》の敵だからです。

全員がかならずミスをしている前提になれば、ダブルチェックは「ミスがないことを確認する」から「あるはずのミスを発見する」へと変わります。

チェックのために支援システムを導入する際も、要件が変わってくるはず。

「誰も100点満点ではない」と認め合うことが、社の文化そのものを大きく変える第一歩になります。

機械工学の分野では、「フェイルセーフ」「フールプルーフ」という設計思想があります。

「フェイルセーフ（fail-safe）」とは、機械などに故障や誤操作があったとしても、安全なほうに作動する仕組みのこと。

「フールプルーフ（foolproof）」も似たような概念ですが、「フール（fool）＝愚者」という語が表すとおり、使用者が操作を誤ることを前提として、それでも重大な事故が生じないように設計することを指します。

身近な例で言えば、電子レンジは扉が完全に閉まらないかぎり、加熱をスタートしないようにつくられています。もし扉を開けたまま加熱すれば、使用者が火傷をする恐れがあるからです。また、洗濯機は回転中に誤ってフタを開けたとしても、自動的に回転が停止する機能がついています。

「ミスはかならず起こるもの」という前提を盛り込んだうえで、これら「フェイルセーフ」「フールプルーフ」を仕込んだ仕事の仕組みをつくれば、何よりムダな「ミスの隠ぺい業務」を減らすことができるのです。

会社が現場に押しつけてきたムダの正体

会社では不思議なことに、子どものときとは違って、なぜか「100点があたりまえ」

とされています。

「完璧でない」状態は「あってはならない」こと。

だから、不完全な事態を前提に対策を準備すること自体が、**一種の背信行為**のようにとられることすらあります。

「万一の備え？　なんてことを言うんだ、縁起でもない」

「日本には、言霊というものがあってだな……」

その結果、多くの会社で、**起きては困る事態はけっして起きない**ことになっています。

そして**いざミスやトラブルに直面したときには「起きなかったこと」にする**のです。

「私にそんな報告をあげてどうするんだ？」

「おまえのところで、うまくやっておけ！」

「おい、私は『もみ消せ』なんて言ってないからな」

常日頃から社員は、上司たちから「自分たちで解決しろ！」と圧力をかけ続けられ、小さなミスでも隠蔽、常に「100点満点の答案を書いていることにする」という文化が強固に形成されてしまいました。

こうして、下は新入社員から上は役員まで、**全社をあげて「ミスを隠蔽する」「自分の弱さを隠す」ということに大量の時間と労力を割いているのが、多くの日本企業のオフィスでの長時間労働の正体**です。

これこそが、**「経営の無策によって、オフィスの《現場》に押しつけてきたムダ」の実相**なのです。

だからトップは、時短を要請する前に罪を認めて謝らなければいけないし、時短を進めるには**「100点満点以外はあり得ないし、もし100点でなければ、そんな答案は焼いてしまう」という文化を変えなければいけない**のです。

鉄則5　トラブル処理は「すべて」引き受けよう　ポイント

①時短の過程では社内外からかならず反発が起きる。そこで会社の方針が揺らいではいけない
②ミスはかならず起きるものとして仕組みをつくり、処理を「すべて引き受ける」と宣言する
③ミスを隠蔽しない文化をつくれば、結果として時短につながる

鉄則 6

改革の「本質的価値」は語らない

哲学論争で時短はできない

企業における改革、とくに「時短」の取り組みについて考えるとき、「この改革は具体的にどのような意味があるのか？」「どのような意味をもたせるべきか？」というような、**大上段に構えた議論をしたがる人**がいます。

しかし、「仕事の時間を短くすることに、どのような意味があるのか？」と考えたあげく、勇ましいスローガンを掲げてしまうよりも、**あえて「本質的な価値」が何なのかは突き詰めて考えないほうが、改革はうまくいく**ケースがほとんどです。

なぜならば、《鬼時短》とは**「ちょっとやってみたら、少し前進できた」という小さな事実の積み重ね**だからです。非連続な大変化ではなく、漸進していくものだからです。

大上段に「改革のゴールはこれこれである」とぶち上げようとしたり、「そもそも時短をすることに、どういう意味があるのか？」と議論し始めると、すぐに哲学論争になってしまいます。答えのない迷路に迷い込んでしまうのです。

そもそも**企業の改革は「終わりなき旅」であり、時短の目標を達成できればそれで終了ではありません。**

「ここまでやればＯＫだ」「改革はここに終わりがある」と約束したり、そういった疑問を社員にもたせるようではダメです。

トップは、**少しずつでもよいから前進し続けていることがよいことだ、とハッキリ宣言**してください。

この30年間のガバナンスとコストカット優先の経営で、哲学論争に興じたがる方を幹部に昇格させてしまった企業は少なくありません。

私が担当したある企業の改革でも、上級幹部のおひとりがこの迷路にはまり込んでいて、その方の部門だけ改革が何も進んでいませんでした。聞くと、その上級幹部が**「そもそも《現場》とは何なのか？」を部下たちに議論させている**ということだったので、これはさすがにやめてもらいました。

《鬼時短》はそれ自体が目的なのではなく、

「時短をやってみたら、意外とできたじゃないか」

「うちの会社は時短ができたのだから、他のこともできるかもしれない。新しいことに挑戦してみよう！」

という、**終わりなき変化の第一歩と位置づけるべきもの**です。

小さな成功体験を社員に経験してもらうことで、**「自分たちは変化できるんだ！」という実感**をもって会社が前進していく。時短改革は、そのために「やってみる」のです。

「小さな成功」の例：タッチタイピング

ここで、ぜひ社員のみなさんに体感していただきたい「小さな成功体験」をご紹介します。それは、【鉄則2】でも触れましたが、パソコン操作です。手元を見ないでキーボードを操作する**「タッチタイピング」**です。

職場のＩＴ化は、イコール、パソコンを操作することです。しかし、前にも書いたとおり、オフィスワーカーのほとんどは「タッチタイピング」ができません。

多くの方は、キーボードを見ながら打っていきますので、間違いがあってもしばらく気がつきません。

いちばん多いのは、日本語入力と英数字入力を間違えて打ってしまうことです。

「taihennosewaninatteorimasu」と打って初めて画面を見て、「ありゃ」と気づき、そしてせっかく入力した文字を消して、日本語入力に変えて、また打ち始める。**こうやってぼう大な時間をムダにしている**のです。

最近流行りの「リスキリング」で、Ｐｙｔｈｏｎでプログラムを書く訓練とか、ＳＱＬでデータベースからデータをひっぱる訓練を始めた方も少なくありません。また、Ｗｅｂ３やメタバースなどといった最先端技術の知見を勉強している方も多いですね。

ところが、それは「砂上の楼閣」です。地盤がゆるゆるのところに、ぴかぴかの超高層ビルを建てようとしている。

「わが社も早くＤＸを推進せよ！」などと勇ましい号令をかけるのは、登山の訓練を受けていない見よう見まねの我流素人集団を、けわしい山に挑ませるようなものなのです。

パソコン操作の基本中の基本であるタッチタイピングが習得できていない以上、頭でわかっていることも、いざパソコンに打ち込もうとなると、ものすごく時間がかかってしまいます。

若手社員でもタッチタイピングできない人がたくさんいます。これは学生時代にスマホしか触ってこなかった影響でしょう。

ところが、「時短にはＩＴ活用が不可欠ですから、その第一歩として、まず社員のみなさんにタッチタイピングを習得してもらいましょう」と提案すると、たいていの経営者さんは反対なさいます。

「会社は学校じゃないんだから、そんな基本的な技術は自分で勉強させますよ！」

ごもっともです。たしかに**多くの会社のオフィスは学校ではありません。「学校未満」です。**

学校だったら、テストで一定以上の点数がとれなければ赤点になり、追試を受けさせられます。

塾だったら、できるようになるまで繰り返し練習させられ、次のステージに進めない。

企業でも、工場や研究・開発などの現場では、厳しいトレーニングがあたりまえです。

ところが、**ホワイトカラーのオフィスワーカーは、いったん入社してしまえば、その後は標準以下の能力に甘んじていても放置されます。**「全力でやっている感」さえ演出できていれば許され、ほかの誰かにシワ寄せがいっている。

まさしく「会社は学校じゃない、学校未満だ」。これこそ長年にわたり経営者が「オフィスでの働かせ方」に関心をもたず、ほったらかしにした大きなツケです。

話を戻しましょう。タッチタイピングは、パソコンを使ってビジネスをする上での基本技能です。そして、練習さえすれば誰でも習得できます。特別な知識も才能も必要ありません。

少しずつ努力して基本が確実にできるようになれば、自信がつきます。そうやって**パソコンに対する苦手意識を払拭すれば、IT技術を使ったその次の時短策にも抵抗なくチャレンジできるようになります。**

それこそが、新たなビジネスに取り組む際の基礎体力になるのです。

小さな成功が生み出す「熱」

「パソコンに打つ中身を考えている時間のほうが長いのだから、タッチタイピングで多少時短できたとしても、さほど意味がないのでは？」と思う方もいらっしゃるかもしれません。

ここで思い出してください。**「本質的価値を訴えるより、少しずつでも実践することが大事」**です。

タッチタイピングを習得したことにより、いままで30分かかっていた書類作成の時間が、25分に短縮できたとしましょう。この事実をどうとらえるのか。

「タッチタイピングを覚えたら5分時短ができた。だったら次は、さらに工程を高速化できるかもしれない」と、自信を覚える人もいるはずです。

このような**小さな自信の積み重ねが発する「熱」こそが、組織の変化を阻む永久凍土文化を溶かす一歩となる**のではないでしょうか。

いわゆる「経営企画」の発想からすると、5分間分の報酬を割り出して「タッチタイピングを身につけたことのＲＯＩ」を計算し、「たいしたことがない」と判断するかもしれません。

日本の企業は30年間、**この「ROIに基づくコストカット」でどんどん縮退**してきました。**コストカットを声高に叫ぶ人が互選**されて経営層を構成してきました。

社員の「熱」を、これまではコストカットのひとことで封じ込めてきました。この暗い習慣を、まさに時短改革をきっかけに打破しませんか。

序章で、時短をダイエットやファスティングにたとえて説明しました。

1キロのダイエットに成功した人は、「次は3キロいけるんじゃないか」と思ってさらにはりきる。それといっしょです。

オフィス組織も、小さな成功体験を積み重ねて自信をつけることで、やがて大きな改革が可能になっていきます。

ということで、**タッチタイピングのトレーニングは、誰もが取り組みやすく、そしてわかりやすい結果が出ますので、非常におすすめ**です。練習ソフトも多数出ており、タイムやスコアをみなで競い合いながら楽しく習得することもできるでしょう。

このようにゲーム感覚で人を惹きつけたり興味をかりたてたりする効果を利用する手法は「ゲーミフィケーション（gamification）」と呼ばれます。

「与えられた課題をクリアできた」という達成感の効果はバカになりません。

やがて部署のみながタッチタイピングにハマってマスターすると、**次の段階ではもう一歩高度なパソコンスキルの習得にも興味をもってチャレンジするようになります。**

「パワーポイントの作成時間を短縮するショートカットは、この10個を覚えるといい」

「作業効率をアップするには、○○社のキーボードが使いやすい」

「ディスプレイは大きいほうが、ファイルをいくつも同時に開ける」


このような会話が、社内のいたるところで聞かれるようになります。


自転車の漕ぎ始めはペダルが重いですが、タイヤが回転し始めるとどんどん軽くなります。同じように**社内の改革も、タイヤが回転し始めればどんどん加速していく**ものです。

まずは最初の一歩を、誰もが取り組めるようなハードルの低い目標から始めてみて、**「やってみたら意外とできた!」という成功体験**をもってもらうことが大切です。

上からの押しつけは傲慢、「謙虚さ」が最大の美徳

「そもそも論」を掲げるのは考えもの、というポイントに戻ります。

本書を読んでくださっている経営者の中には、MBAを取得するなど、経営理論に通暁した方もおられることでしょう。

多忙の中、必死に時間をつくり出して勉強しながら、「なるほど！」「この考え方をウチの会社にもって帰ろう！」と決意したことでしょう。すばらしいことです。

けれども、そういう場合こそ、気をつけなければいけません。

あなたは数少ない「抽象的な話が理解できる」方なので、経営の「理論」を知ることができました。

でも、あなたが心からよかれと思ってブチあげる話は、いっさい社員に伝わらないかもしれないのです。なぜなら、**人によって「抽象的な話」の理解力は大きく異なる**からです。

これはもちろん「頭のよし悪し」とか「人間の価値」とはまったく関係ない、いわば体質のようなもの。走るのが速くないとか、お酒に弱いとかと同じように、**話が具体的でないと頭に入らない人もたくさんいる**のです。

そういう方々はあなたが想像するよりずっと多く、あなたの「本質論」を、まるで洋楽の歌詞のように「聞いて」います。ヒトの言葉であることはたしかだが、何を言っているのか「聞き取る」ことはできない。

そういう現実を理解せずに、

「自分の考えについてこられないのは、真剣に考えようとしないからだ」

「オレも勉強しているときは必死だった。社員たちにはその必死さがない」

そう思い始めると、トップはどんどん「浮いて」しまいます。

そのうち**「お友達内閣」のような社長取り巻き組織**をつくってしまったりして、社員との間の溝が深まっていく。

これまでも述べてきたとおり、改革はトップダウンでなければ進みません。上から「こんな会社ではイヤだという欲求」を落とせば、社員はかならず「面従腹背」せずに話を聞いてくれます。

ところが、**せっかく聞いてくれそうだというのに、理論的な原理原則、「改革の本質的価値」の話をしてしまうから、みんなずっこける**わけです。

「また、頭がいいってひけらかしてるよ」「傲慢だ」という反感にもつながってしまう。

こんにちのグローバル企業では、昔ながらのいわゆるアメリカ式経営の弊害が叫ばれるようになっています。対外的に「humbleness（謙虚さ）」をうたうことが増えました。「わが社は謙虚さをモットーに経営しています」などといった具合です。

企業は、株主や顧客だけでなく**社員に対してこそ謙虚に接し、社員とともに価値を創造**

していくという姿勢に変わりつつあります。

トップは、まさにペットがお腹を出して床に寝そべるように、自分の欲求をわかりやすい言葉で正直にさらけ出しましょう。そうすれば、社員のみなさんへのお願いは、自然と高尚な抽象論でなく「具体的なわかりやすい話」になっていくはずです。

日本人に「トランスフォーメーション」は向かない

ちょっと前まで一世を風靡した流行ビジネス語「DX＝デジタル（による）トランスフォーメーション」。

多くの日本企業にとって、この「トランスフォーメーション（大きな変化、変質、変身）」というアプローチはあまり適していない、と私は考えています。

その代わりに、**自社の強いところをさらに伸ばす「拡張」のほうが、よりよい戦略となる組織のほうが圧倒的に多い**ように思います。

「トランスフォーメーション」は、組織の運営方法を基礎から見直して、根本から変えることです。いったんはかならず大きな混乱を招きますが、**「それでも新しい方法に従え」**

と強力に統制されていれば、組織全体は新しいやり方に変わっていきます。

つまり「トランスフォーメーション」は、**メンバーが受け入れるものではなく、メンバーが飲み込むもの**に近い。

ところが私たち日本人は、たいへん個人主義的な側面があります。このため、**むりやり上から飲み込ませられるということに、大きな抵抗感を覚える方がとても多い**と思います。

一般に「日本人は集団主義」と言われてきましたが、じつは日本人の自己中心性や個人主義的側面を指摘する研究も行われています。

かろうじて「1つにまとまる」ことができるのは、ごく小集団だけ。考え方や利害がきわめて近い少人数のグループだけで「サイロ」となることは得意です。

そしてひとたび「サイロ」となったら、その中＝「ウチ」での同調圧力はたいへん強烈です。相手の発言に異論を述べるだけで「人格を否定した」と怒られますので、何を言われても「おっしゃるとおり！」としか返事しない。

このように小さな「ウチ」ですごく強くまとまるだけに、**われわれはサイロの外＝「ヨソ」とは、簡単には協調できません。**まして、自分たちの上から強烈に統制をかけてくる存在は、けっして認めようとしません。

1400年前に聖徳太子がつくったと伝えられる「憲法十七条」も、冒頭から「派閥ごとにいがみ合わずに、和をもって話し合おう」と訴えています。

日本が本当に「和の国」だったのであれば、わざわざ憲法第一条で「和をもって貴しというこ とにしますよ！」なんて宣言しませんよね。たとえば、ダイバーシティやグローバルビジネスがあたりまえである企業には「ダイバーシティ推進室」や「グローバル推進本部」が必要ないようなものです。

江戸幕府の幕藩体制があれほど長続きしたのも、徳川政府が「藩」というサイロの自治をある程度、尊重したからです。さらにそれぞれの藩でも、部下をハードに統制しすぎる藩主は部下たちから退陣を迫られるという「主君押し込め」のしくみがありました。

その知恵が引き継がれたのが、現代企業の「事業部制」なのかもしれません。

それぞれの事業部サイロ出身の社員が昇格して「経営陣」を構成しています。出身以外の「ヨソ」の事業部を強烈に統制することはほとんどありません。というか、**できません**。

そのような「蛮行」はサイロたちから大きな反発を買い、最悪の場合は失脚させられかねないからです。

これが、**日本の組織でトランスフォーメーションを強行しようとすると、それによる混乱がなかなか治まらない理由**だと思います。本来は一時的なはずの混乱が、《現場》の小サイロたちによって意図的に放置される恐れもあります。経営陣がトランスフォーメーションの失敗を認め、なかったことにして元に戻すまで、あえて混乱を放置するわけです。

コンサルティング会社にすすめられるままに「DX を実現するプラットフォーム」のアカウントを全社員ぶん買ってしまう（それも、ディスカウントにつられて3年間解約できない契約で！）。

しかしその後、何カ月たってもぜんぜん使われず、けっきょく伝統のスプレッドシートのメール添付が横行している。

なぜなら、**社員それぞれの小サイロにとって、経営もDXも「ヨソ」の話だから**です。

「デジタルでトランスフォーメーションしてわが社はこうヘンシンするのだ！」

「変化できる組織が生き残るのだ！」

そういう大所高所の話は、たしかに社員も何回も聞かされました。しかしいっさい理解していない。それは「ウチ」の話ではなくあくまで「ヨソ」の話であり、聞こえていても聞いていない。

お寺で聞くお経、神社で聞く祝詞《のりと》は、間違いなくありがたいものですが、聞いていても理解はできない。それと変わりがないのです。

大きな話で本質的価値を語るのは、ほどほどにしましょう。

「漸進的な拡張」のプロセスによって人は共感する

だからといって、日本企業に「改革」がいっさい不可能なわけではありません。

そもそもVUCAの時代、組織や個人も変化せずにいられるはずがありません。

ですから改革は絶対に必要なのです。そのためにこそ、**小サイロたちが「ウチの話」と思ってくれるように進めなければいけない**のです。

小さな闘いに確実に勝ち、それを重ねて徐々に闘いの規模やレベルを上げていく。そのプロセスをはしょってはいけません。

何度も繰り返しますが、**時短改革を時短してはいけない**のです。

社員に、目の前の小さな変化に集中してもらい、その効果を「手ざわり」として実感し続けてもらう必要があります。

その地道なプロセスを怠って、話が「手が届かない」ものになってしまうと、そのとたんに小サイロたちは「これはウチの話ではない」「ヨソの話だ」と判断します。サイロのメンバーは個人的に関心があってもけっして勝手に手を出すことができません。**抜け駆けしないように同調圧力をかけられる**からです。

一方で、**組織がじわじわと変化していくプロセスそのものを、メンバーたちにとっての喜びにする**ことができれば、改革へのモチベーション維持につながります。

それだけでなく、外部にも共感してくれる人が増え、力を貸してくれる仲間も現れるでしょう。

これは近年注目されている**「ファン（共感）マーケティング」**の手法にも重なります。

モノがあふれている現代の消費者に、いままでのようにプロセスをいっさい明かさずに突然「こんなすごい商品が完成しました！」と見せても、共感を得るのは難しい。

それより「いま開発中ですが、こんなに悪戦苦闘しています。でも、はりきってます！」というプロセス、言い換えれば「ストーリー」をSNSなどでアピールすることで、共感の輪を大きく広げることもできるという考え方です。

外部から共感を得られれば、内部のモチベーションはさらにアップします。小サイロたちが連携をとる（いわゆる「一丸となる」）ことも夢ではありません。そうなれば、**「手ざわり」を失うことなく、改革を進められる**わけです。

さて近年は、日本にも「米国風・株主至上資本主義」の波が本格的におしよせてきました。すなわち「投資家」の方々が経営者に猛烈なプレッシャーをかけることが、ごくあたりまえになったのです。

「グローバルのスピード感とスケールを知り尽くしているオレに言わせると、こんなんじゃダメだ！」などと、厳しく叱られる。

経営陣も「やってる感の演出」の伝統芸だけでは進退きわまってしまう。いきおい、突然社内で「超急速トランスフォーメーション」を叫び出す。社員の小サイロたちは聞くふりだけして面従腹背。

そんな悲喜劇があとを絶ちません。

ＶＵＣＡの時代、ビジネス環境は変化し続けますから、組織や個人も変化し続ける必要があります。**「拡張」のプロセスに焦点を当てて改革を進めることは、時代に即したアプローチでもある**と私は思います。

鉄則6　改革の「本質的価値」は語らない　ポイント

①実践を積み重ね、小さな成功体験を得ることで、現場も時短に前向きになる
②「こうあるべきだ」という原則を上から押しつけようとしても、現場の反発を招く
③無理な「トランスフォーメーション」ではなく、「漸進的な拡張」を目指す

鉄則 7

「結果」で納得を得よう

RPA導入のインパクトはかつてのFAXに匹敵した

改革を続けていると、**《現場》が時短に対していっきに前のめりで協力してくれるようになる瞬間**が訪れます。

それは、**自分たちの作業がラクになることを実際に体感した瞬間**です。

まさに「百聞は一見に如かず」ということわざどおりなのです。「いったい、あのときの反対は何だったの？」と思うほど、ガラッと態度が変わることも珍しくありません。

《現場》は、口頭で説得されることは絶対にありません。**結果を見てようやく初めて関心をもってもらえる**と、あらためて覚悟してください。

みなさんは、ビジネス現場にＦＡＸが導入されたときのことを覚えておられるでしょうか。

それまでは、取引先に文書を送るには郵送がスタンダードでした。

「どうしても今日中にこの文書を届けなければ」というときは、カバンに書類を入れて、新幹線や飛行機に飛び乗って持参するしかなかった。

それが、オフィスにいながら文書を送信でき、どんな遠距離の相手にもわずかなタイムラグで届けられる。その時短効果たるや、圧倒的でした。

ＦＡＸはすさまじい時短の結果を見せつけ、オフィスにはもちろん一般家庭にも普及しました。その後に電子メールが登場しますが、いまだにＦＡＸを使い続けている人たちも多数おられます。

むしろ**メールはＦＡＸより不便になったと考える方は、驚くほど多い**のです。

①送る側も受け取る側も、わざわざＰＣやスマホなどの機械でメールアプリを開かなければならない

②とくに受け取る側は、新しいメールが届いているかどうかを能動的に確認しなくてはならない

③受け取ったメールを紙に残したければ、印刷の手間をかけなくてはならない

ＦＡＸによる発信は、「いちいちメールを打つことができない」という現場では、たいへん便利です。たとえば、手袋を脱着できないのでＰＣやスマホで文字を打つことはできないが、ペンで紙に大きい字を書いてＦＡＸに流すことならできる、という具合です。

また「FAXでなければ申請を受け付けない」という組織もあります。そういう組織では、FAXで刷り出された紙をそのまま指示書として貼り出して作業し、終わったら綴じ込んで保管するので、「メール＋プリント」よりもFAXのほうがずっとラクなのです。

現場のこういう実相を知らずに、「FAXはやめろ！」と上から落としても、話は進みません。これがほんとの「机上の空論」です。

FAXでないと発信できないと主張する現場には、たとえば、音声でメールやWEBフォームに入力できるツールを実演して見せて「これ、使えますか？」と相談する。口で言えばいいならペンで書くよりラクだとなれば、現場は採用してくれるかもしれません。

また、FAXが刷り出す紙をそのまま指示書や注文書として使っている現場には、職場のどこからでも視認できる大きなモニターに注文メール内容をハッキリ投影する仕組みを提案します。さらに、メール注文であれば自動でデータベースに転送でき、ファイリングの手間もなくなり、あとで検索するのもラクになることも実演します。

前に書いたとおり、電通でのRPA（ロボットによる業務自動化）導入でも、**「どうかデモンストレーションを見てください」と、人力で数時間かかる表の作成をRPAによっ**

てわずか1～2分で終わらせてみせたことで、反対意見がなくなりました。

デジタルツールはあくまで手段です。デジタルツールを導入すること（そしてそのことをPRすること）は、けっして目的ではありません。

劇的な時短の結果を実演して見せることができなければ、《現場》は納得しませんので、高価な投資がムダになります。「3年間の契約」が終わるまでまったく使われないアカウントが累々と残るだけです。

「手書き」のお客様カードがもたらしていた問題

私がかかわった、ある企業の事例をご紹介しましょう。

その企業のトップは、営業が「受注伝票」を手書きで記入していることに着目しました。

受注伝票は社内オペレーターの方々が、これも手打ちで、会計システムや在庫管理システムに転記していました。それはたんに、案件ごとに請求書を発行したり、商品を発送したりするためです。

受注状況を一覧にして、受注減少などの異常事態があればチェックしよう……などという奇特な幹部はいません。「おう、数字どうなってる？」と聞くだけでした。

トップは、自分や営業幹部が受注状況を自在に検索できるようになれば、営業の方々にタイムリーかつ的確に指示を出せる、と考えたわけです。

そのためにトップは高価な投資を断行して、経営幹部向けの情報システムを新たに導入しました。それはいいのですが、そのシステムへの入力を、なんと社内オペレーターに追加でやってもらおうと計画していたのです。

つまり、営業担当者が手書きした伝票を、オペレーターが複数の独立したシステムに手で転記するということです。これはいけません。

トップが投資すべきは、以下の2点でした。

①現在のバラバラに独立したシステムを1つにまとめて、受注情報・会計情報・在庫情報などを一元管理できる経営情報システムを導入する
②その一元システムへの入力は、営業担当が紙に手書きするかわりに、自分でパソコンやスマホなどからデータとして入力する

トップはこの方針転換を認めてくれました。しかし当然、**営業担当は猛反対**しました。

伝統的な業界だったこともあり、営業担当の年齢も比較的高めだったため「あなたたちが直接パソコンでデータ入力せよ」という点に引っかかったのです。

「お客様の眼前でパソコンを打つなど失礼にあたる」などともっともらしい理由を創作して経営陣をけむにまこうとしますが、真の理由は違いました。

「最前線の営業担当者たちがパソコンを操作できない」

「そのぶざまな姿を客に見せるわけにはいかない」

というところだったのです。

効果を感じれば、現場は激変する

そこで、私は前述したタッチタイピングの特訓を提案しました。

実際に特訓を始めてもらうと、**「じつはいままで、パソコンを使えないことを恥ずかしく思っていた」**という素直な声が聞こえてきました。

訓練の結果は劇的でした。**たった数週間で、ほとんどの方が何不自由なく受注状況を入力できるようになった**のです、お客様の眼前でも。

そもそも、どの会社にも「みんなで特訓する文化」は何かしら存在するものです。たとえば礼儀作法や接客術の講師を招いて研修を実施したりということです。そのノリを活かして提案してみると、タッチタイピングの特訓も比較的スムーズに開始できました。

ここでのポイントは、**「けっしてパソコンの使い方の訓練ではない」と明言して恥をかかせないようにした**ことです。訓練は受注データの入力方法だけに限定しました。

その効果は、営業担当者の方々にもすぐに実感していただけました。

「パソコンでのデータ入力は、やってみたら意外と簡単にできた」

「臨機応変な対応が求められる現場で、その場ですぐにお客様カードの入力や修正ができるのは助かる」

「あとで本部からの問い合わせに対応するのはこちらも面倒だった。問い合わせがなくなってストレスが減った」

そして、**手書き伝票を手で複数システムに入力していたオペレーターの方々も、他の業務にあてられるようになった**のです。

手作業がなくなったのもさることながら、営業の「個性的な」手書き文字の判読に困って、いちいち営業をつかまえて確認する苦痛がなくなりました。これは、聞かれる営業の方も苦痛というか屈辱だったようで、双方から喜ばれる結果となりました。

劇的な効果を目の当たりにし、デジタルツール導入への抵抗なんて誰も覚えていない、というめでたい結果となりました。

こうなって初めて、トップは営業幹部に対して、「データを活用したマネジメント」を指示できるようになるのです。

時短改革を時短することはできません。最初の段取りを横着して、「わが社もSFA（営業支援システム）やCRM（顧客関係管理）を導入する！　それも、いっきに！」とはりきっても、肝心の入力者がパソコンを使えないのでは意味がありません。

「せっかくのシステムなのに、まめに入力していないやつは、いったい誰だ！」と恐怖政治をしなければならなくなります。本末転倒ですね。

KPIを適切に設定して成功体験を重ねる

ここまで、成功体験を積み重ねてもらうことで《現場》に納得してもらう、という話をしてきました。これをいま風に言い換えると、**「KPIを設定して、1つずつクリアしてもらう」**ということです。

前述のとおり、時短の成果は「業務にかかる時間が何分短縮できたか」と数字で明確に計ることができます。そのため、改革の進捗状況も、停滞状況も、目に見える形で提示できます。**KPIを設定しやすい**ということです。

「クライアントを説得して、提出資料を半減してもらったら、残業時間が月8時間減った」

「RPAで非コア業務を自動化したら、部署全体の業務時間が10％減らせた」

こうした形で「結果」を積み上げていくことで、初めて《現場》は納得します。

組織や個人にとって**「けっしてムリではなく、少し努力すれば達成できる」という適切な目標を提示しながら、その数字をクリアできたという結果を実感してもらい続ける**ことで、「やってみたらできた」という前向きなムードをつくり出すのです。

つまり最終目標を達成するプロセスに、KPI①→KPI②→KPI③……と達成を繰り返しながら連続して成功体験を積んでいくわけです。

読者のみなさんには想像もつかないくらい、**いまの若い人たちの「失敗への恐怖」はすさまじい**ものがあります。失敗して恥をかくことに耐えられないだけでなく、失敗に要した時間を心の底からムダと考える。

ですから彼らは、あいまいな目標を与えられて「さあ、自分のやり方で達成してください」などと命じられることを極端に嫌います。

ゲームの攻略法のように、どうすればうまくできるか、どうすれば失敗を避けられるかを最初から教えてほしい。そうしてくれれば、試行錯誤で時間を浪費せずにすんだのに、と彼らは強い不満をもちます。

ですから、**大きな目標をドン！　と渡すのではなく、「ほぼ成功するステップ」に小分けして、それを次々に攻略していってもらう**のです。そうでないと、そもそも話を聞いてもらえません。

日本の管理職は目標設定が下手

時短改革の旗のもとで、マネージャークラスには、この**「小さなステップ」に分けて部**

下に指示するという新しい習慣をつけてもらいましょう。

御社に限らず、日本企業のオフィスワーカーの多くは、この「小さなステップ」を適切に切り分けることが下手です。

下手というより、**経験が少なすぎてできない**のです。

自分もそんな指示をしてもらったことがない。「うまくやれ」「自分でどうにかしろ」

「みんなそうやって這い上がってきたんだ」などの厳しい修業しか経験したことがない。

このオフィスでの厳しい精神主義の原因は、オフィスワーカーの仕事が「ジョブ型」でなく**「メンバー型」**であることです。

つまり、**日本のオフィスでは、「指示をあおがずに組織や上司の望んでいることを想像して実行できる」というスキルが必要とされる**のです。

「与えられたジョブやタスクをこなす」ような「働き方」では、日本のオフィスでは「よいメンバー」としての評価をもらえません。

むしろ「あいつは、言われたことしかやらない」「指示待ちだ」と批判されます。上司に指示を求めると「何でも聞かずに、自分の頭で考えろ」と叱られたりもします。

ではそうかといって、本当に自分で考えて独自のやり方で作業してしまうと、それはそれで大変な目に遭う。

これは、組織の長期的固定メンバーとして雇用されているからこそ成り立つスキームです。まるで家族のように長年つきあい、「あ・うん」の呼吸で通じる。いちいち言わなくてもわかり合う。それを、日本のオフィスでは「心が通じ合っている」「キズナが強い」「一体感」と呼んで、最も大切にしてきました。

しかし、**これからの世代の人材たちに、自分の会社を職場として選んでほしいのであれば、「指示は明示しなければわかってもらえない」**と心得なければいけません。彼らは、長期固定メンバーになる前提で入社したわけではないからです。

「言わなくてもわかるようになれよ」「うまくやれよ」ではダメ。具体的な小さなステップに分けて、1つずつ達成してもらい続けなければ、彼らはすぐに御社を見切って辞めてしまいます。**御社が彼ら個人の「成長」の役に立たないから**です。

これからの世代の人が重視しているのは**「どこへ行っても通じる『つぶしが効く』経験とスキル」**、それだけです。

SNSをはじめネット上では、「成功者」たちが「時間をムダにするな、タメにならないやつらとつきあうな」とあおっています。活躍する同世代が強烈にアピールするのを、日々見せつけられています。

そのような方々に「以心伝心でわかるようになれ」「できるまで何回もトライしろ」「失敗も経験だ」などと言っても通じません。**これからのマネージャーには、具体的に小さなステップに切り分けて指示を出すスキルが求められる**ということです。

「一律カット」の目標は立てない

ここで1つ、マネージャーたちが「小さな目標設定」で犯しがちな失敗パターンに触れておきましょう。

それは**一律目標**です。**「とにかく一律で10%削減しろ」というやり方は、絶対に避けましょう。**

マネージャーは、部下1人ひとりにきめ細かく実態をヒアリングして、具体的な対策を立て、それで目標数値を設定していかなければなりません。

こう言うと、従来のやり方を守りたいマネージャーたちは「手間がかかりすぎる」「一律でなければ平等ではない」と反論するでしょう。しかし**「一律目標」は、いまやきわめてネガティブな印象を与える社内コミュニケーション**です。

「これまでの無関心経営と同様に、現場の事情を知らない『偉い人』とその取り巻きが、勝手に机上で数値目標を決めている」

長年にわたり経営者から「働かせ方」を放置されてきたオフィスワーカーにとって、**「経営陣は現場のことをわかっていない」というのは常識になっています。**

これは「根強い不信感」というより、もはや誰もが自然にそう確信しています。

そういう現場を、どうやって味方にして時短を進めるのか。

そして時短をきっかけに、いかにして本当の企業改革に手をつけるか。

それを真剣に考えるなら、まさに**自分たちのこれまでの無知と無作為を繰り返す「一律10%削減！」のような目標設定は、最悪の手**なのです。現場はさらに不機嫌になり、改革推進プロジェクトメンバーは板挟みになって苦しむことになります。

建前でも演技でもなく「各々の事情をよーく理解して、それぞれが（少しの努力で達成できる）目標を立てた」というマネジメントスタイルに変更しなければ、改革などできるはずはありません。

鉄則7 「結果」で納得を得よう　ポイント

①自分たちの業務時間が短くなることを体感すると、現場は時短に協力的になる
②ITツールを活用する際は、「社員はパソコンが使えない」前提で仕組みづくりをする
③「全社一律何割カット」的な、現場の個別具体的な事情を無視した目標は逆効果

鉄則 8

「内部統制」という言い訳を封じよう

コンプライアンス偏重の15年間

ここまで、日本企業のオフィスの「自分で考えなさい」「うまくやりなさい」という指示しかしない文化の弊害を繰り返し説明してきました。

しかし日本のオフィスは、さらに**これとは別の怪物**にがんじがらめにされています。

それが**「内部統制」**です。

もちろん、内部統制自体が悪いと言っているのではありません。**日本のオフィスでいつものように意味を失って形骸化し、社員の時間を奪う口実になっている**こと、それが問題なのです。

2001~02年、世界を揺るがせた「エンロン・ワールドコムショック」が起こります。アメリカの複数の大手企業で巨額の粉飾決算が判明し、それまで世界一の評価を誇っていたアメリカの会計基準・監査システムが地に堕ちました。

この事件を受けて、アメリカでは厳しい罰則を盛り込んだ企業ガバナンスの改革法「SOX（サーベンス・オクスリー法）」が制定されました。

その後、「内部統制先進国」となった米欧から外圧を受け、このままだと日本の会計は信用しないぞとなった（レジェンド問題）ため、2008年に「日本版SOX法（J－SOX）」が導入されます。

これは金融商品取引法の一部で、財務報告の信頼性を高めるために、経営者は有価証券報告書と併せて「内部統制報告書」を提出する義務を負うこと、内部統制報告書には公認会計士または監査法人による監査証明をつける必要があること、などが規定されました。

これを機に、「コーポレートガバナンス（企業統治）」や「コンプライアンス（法令遵守）」などという言葉がひんぱんに聞かれるようになりました。

なお、2008年はiPhoneが日本でも発売された年です。15年間でスマホはわれわれの生活を一変させましたが、それと並行して、**内部統制も日本の企業をじわじわと侵食していった**と私は考えています。

「持ち帰って検討します」が決まり文句に

本家アメリカが2002年に定めた「内部統制（Internal Control)」は、こう定義されています。

A process designed to provide reasonable assurance with regard to achieving operations, reporting and compliance objectives. Boards of directors, management and other relevant personnel should oversee this process on an ongoing basis.（Committee of Sponsoring Organizations of the Treadway Commission（COSO）による定義）

これを私が「超訳」いたしますと、

内部統制とは、以下の3つについて業務のプロセス（手順）をデザイン（設計）し、そのプロセスを役員から中間管理職、社員にいたるまで日々実践することである。

・オペレーション＝日常業務

・レポーティング＝決算などの財務報告
・コンプライアンス＝法令などの遵守
「そのプロセスをしっかり守っていれば、上記の3つが問題なく行われる」というように、プロセスをデザインしなさい。

と、じつにまっとうなことが書いてあります。日常業務を、法令などを守りながら行い、正しい決算を報告する。まったくもって、あたりまえのことです。

ところで、この内部統制で定義された「プロセス」とは、
・上席者が部下に適切な指示を命じ、
・部下は指示されたとおりに遂行、
・結果について上席者の承認を得る
というサイクルのことです。
つまり、アメリカ生まれの内部統制は、「細分化されたジョブを具体的に指示する」というマネジメント・スタイルに即したものなのです。
逆に言えば、**日本オフィス伝統の「うまくやれ」「オレにいちいち聞くな」というマネ**

ジメントを、まったく想定していないわけです。

そもそも、従来の「うまくやれ」「オレにいちいち聞くな」という日本オフィスのマネジメントは**「労働法違反」だった**のかもしれません。

日本の労働法規のもとでは、会社と労働契約を締結した社員は、会社の監督・管理権の範囲内での指揮命令に従って誠実に労働する義務を負っています。そして会社には社員を監督する義務があり、「業務上の指示や命令を出さない」「指示や命令の遂行を監視しない」なんなら「自分で出した指示や命令の遂行を妨げる」などは監督義務違反になりかねません。

そういう**「違反かもしれない状態」が、経営者の無関心により、日本のオフィスではずーっと放置されてきた**わけです。

その根本的矛盾を解消することがないままに、米欧の圧力によって、アメリカのジョブ型雇用に根づいた内部統制を大急ぎでコピペしなくてはならなくなった。

いったいどうすればいいのか?

こういうときにこそ、日本のオフィス伝統の必殺技が発動しました。**「やっているふり」という「演技」**です。

「内部統制の演技」で増大したブルシット・ジョブ

2008年に施行された「日本版SOX法」が日本企業にもたらしたものは、**本来の内部統制には程遠い、「内部統制の演技」**でした。この**「演技」に多大な労力を割かなければならなかったことこそが、「失われた30年」の後半15年間の敗因の1つ**だったのではないでしょうか。

日本版SOX法ができてから、「不正を防ぎ、統制を図る」という大義のもとに、ぼう大な資料（いわゆる「3点セット」）がつくられ、統制のためのこれまたぼう大なルールが制定されました。

しかし実際には、そのようなルールもどんどん有名無実化されました。

中国には「上に政策あれば、下に対策あり」という言葉があるそうですが、現場は「対策」を次々と生み出します。

本来あるべき「ルール」は、次のような「対策」で骨抜きにされていきました。

ルール「社員が新たな業務を始めるには、管理職の事前承認が必要」
対　策「毎月末に、月初の日付で『管理職が承認した』という稟議書をまとめて作成」

ルール「管理職は、承認する際には稟議書へ捺印すること」
対　策「毎月末に誰かが大量の『ノールック捺印』を代行」

あきらかに、何の統制にもなっていません。
しかし内部監査チームも、紙のファイルが揃っていることなどの外見を確認すれば何の文句も言わずにひきあげ、監査役に「内部統制は機能している」と報告します。
こんな無意味な儀式のために、意味なき紙ファイルづくりの作業が、全国のオフィスで爆誕しました。

もちろん、内部統制にかかわる業務のすべてが、このような「ブルシット・ジョブ（クソどうでもいい仕事）」だと言うつもりはありません。

しかし内部統制の「演技」のほうは、日本のオフィスに大きなダメージを与えています。本来は、日常業務が効果的かつ効率的に回るようにすることも内部統制の目的の1つだったはずです。しかし、この「効果的かつ効率的」というところがすっぽりと抜けてしまい、**ルールにのっとるという形式だけが残った**のです。

その実態に現場の多くが気づいたときには、時すでに遅し。ガバナンスとコンプライアンスを盾にとられて、批判することができなくなっていました。たとえ**現場が経営に「これでは、オーバーコンプライアンスです！」と助けを求めても、経営は手出しできない**のです。

取締役たちは、法律により、内部統制を機能させることに全責任を負っています。社内各部門であっという間に「統制の家元」と化した担当者たちに、「もうちょっと手加減してあげてよ」などとは口が裂けても言えません。

そもそもが、アメリカの「ジョブ型」から生まれた内部統制のコピペです。経営陣としてもムリがあることは百も承知で、「頼む、うまくやっといて！」と丸投げするしかありませんでした。

つまり**日本の経営は、二度にわたってオフィスの「働かせ方」を放置した**わけです。**一度目は戦後から高度成長時代、工場での生産性向上に集中していたとき。**そして**二度目は、15年前に内部統制をむりやりハメ込んだとき**です。

もともとムリとわかっているのですから、社員に「なぜこんな意味のないセレモニーをする必要があるの？」と疑問をもたれても、会社は答えようがありません。

社員も、そのあたりの空気を読まないと身が危ないので、意味がないと声をあげるようなうかつな真似はしなくなりました。

こうして、**失われた30年の後半は「内部統制の演技」を強いられた15年となった**のです。

性善説でも性悪説でもなく「性弱説」

近年、政府の音頭でジョブ型雇用の拡大の動きが始まっています。しかし、ジョブ型が本当に全国津々浦々に普及するかはわかりません。

前にも述べたとおり、日本のオフィスには「ジョブを具体的に指示する」という習慣も経験もないからです。そういう指示ができるマネージャーを育てたことはなく、**「いちいち言われなくてもうまくやる」メンバーを育てる、**という方式で成り立っています。

これが、日本企業で長らく続いてきた「メンバーシップ型雇用」です。

メンバーシップ型雇用とは、要は「信用」と「安心」に基づく「ムラ社会」です。細かく指示を出さなくてもうまくやる「善人」しかおらず、メンバーは全員「信用」できる。なぜなら、**「信用」できない人はすでにムラから追い出されているはず**だからです。だから、ムラに残っている人は「信用」できる。日本企業では、そんな理屈がずっとまかり通ってきました。

内部統制が名ばかりの「演技」として続いてきた背景には、このメンバーシップ型雇用に裏打ちされた「性善説」があります。**「メンバーに悪人はいないはず」という前提があり、だからこそ横領したりデータを改ざんしたり粉飾決算したりするメンバーも「いないはず」**なのです。

一方、本家・欧米の内部統制は、言うなれば人間の**「性弱説」**に基づいていると私は思います。ここで「性弱説」とは、

「ヒトはみな、弱い存在であるから、条件が揃えば誰しもダークサイドに堕ちる」

という前提に立っている、ということです。

背景には、キリスト教など一神教の影響で「創造主以外に完璧な存在はいない」「われわれは創造主を怒らせて楽園から追放されたカップルの子孫である」という認識があるのかもしれません。

そういう「原罪」の発想は日本にはもともとない概念なので、そのまま「直訳」しても日本のオフィスには導入できません。

「性弱説」では、社員も管理職も役員も関係なく、「ヒト」であるかぎりみな等しく弱い存在であると考えます。弱い存在であるから、**「条件」が揃ってしまうと「誰でも」悪いことをする**。

ここで言う「悪いことをしてしまう条件」とは、次の4点です。

①動機。たとえば、借金に追われているとか、交際のために多額のお金が必要など
②チャンス。自分以外に誰も会社の経理に関心がないので、会社のお金を「借用」したところで誰も気がつかない環境にある
③正当化。そもそも私に経理の仕事を丸投げして安月給しか払わないような経営者か

らお金を「借用」するくらい、当然の権利だ
④対象。ずばり、会社の預金通帳とハンコとカードを預けられている

上記のうち①②③は「不正のトライアングル」としても有名です。

この4条件が揃ってしまうと、「誰でも」悪いことをしてしまう。

「誰でも」です。

だからこそ**組織は、4つがコンプリートしないような「仕組み」をつくって、構成員がダークサイドに転落しないようにしなければいけない**。とくに、上記②のチャンス、「誰も見ていないという状況」をつくらないように、相互に監視するわけです。

監視と言うと言葉がキツいですが、ようは**「見守り」**ですね。お互いが「加害者」にならないように見守り合うようにするのが、組織の経営者の義務だということ。

これが、欧米の内部統制の発想なのです。

しかし**日本のオフィスは違います。「性善なるメンバーしかいないはず」という前提で運営されてきた**からです。

悪いことをすれば、メンバーシップを失う（ムラ八分にされる、ムラにいられなくな

る)。普通の損得勘定ができるなら、そんな大きなリスクを冒してまで悪いことをするはずがない。もしも悪事を働くとしたら、よっぽど異常な悪人だけだ。そして、あなたも私も、そんな「異常者」ではない。

そういう前提で日々「安心」に働いている方々に対して、

「社長も社員も、あなたも私も、4条件さえ揃えば悪いことをするかもしれません」

「だからこそ、お互いを見守り合う仕組みをつくって、お互いを大切にしましょう」

そんなことを口にしようものなら、とたんに大変な非難を浴びます。

「おまえは仲間を不審者扱いするのか！」

日本のメンバーシップ型雇用のもとでは、アメリカ生まれの内部統制は不似合いもいいところだったわけです。しかしやらないわけにいかない。だから「演技」を15年間続けてきたのです。

永久凍土になりつつある内部統制

２００８年に、日本企業各社の文化という土壌の上に、アメリカ流の内部統制がむりやり接ぎ木され、そこに15年間にわたって「演技」の雪が降り積もりました。

その雪がカチコチに固まって凍土となり、がんじがらめになっている。

そんな企業で、仕事のプロセスを変えるのはおおごとです。もちろん現場は、変えても問題がないと直感はしているのですが、それを内部統制担当部署に説明しなければいけません。

それはどうしてもイヤだから、変えるのはやめよう、となるわけです。

それも、たんに面倒くさいというだけではありません。

「内部監査室から『反乱分子』と目をつけられたら困る」

「社長や監査役に『統制上、問題がある社員』と思われるのはゴメンだ」

つまり、**触らぬ神にたたりなし、という恐怖心**なのです。

こうなってしまった企業で、時短のためにプロセスを変えたりなくしたりするためには、**トップ（が率いる改革チーム）が現場に代わって内部統制チームと話をしなくてはいけません。**

プロセスを削減しても内部統制が損なわれないことを、改革チームが現場に代わって立証するということです。

ただし、改革チームは、生兵法で現場の意見や希望を背負ってはいけません。

内部統制チームから監査役、そして外部の公認会計士にまで話があがることも珍しくありませんので、**改革チーム側も社外の専門家の力を借りる**ことが必要です。

「重要性」という概念が重要

社外の専門家の力を借りる際、本当に頼れる専門家を選ぶための、絶対に外してはならない基準があります。それが、

「どこまで手を抜いていいかを、的確に教えてくれる人」

です。

内部統制に限りませんが、よい専門家は、「ここからここまでの範囲は厳格にやってください」「そこから先は会社が工夫して自由に考えてよい領域です」というラインをきちんと教えてくれます。

「重要性」という概念があります。企業の会計や監査の世界の言葉で、まさに上記の「ライン」の話です。

企業会計には、取引1件ごとの帳簿記入（簿記）から株主・債権者などに対する開示にいたるまで、じつに広範なルールがあります。企業はすべてのルールを厳密に解釈して実行することはできませんので、そこに「重要性」のラインが引かれます。

会計や監査の「本当のプロ」は、「重要性」のラインを「企業側が多大なコストをかけなくてもよいライン」と考えます。ひらたく言えば**「手を抜いてよいことは、手を抜いてよいというより、むしろ手を抜くべき」**ということです。

時短改革と内部統制の折り合いも、この「重要性」の考え方が重要です。

ところが、**ちゃんとしたプロに相談せずに社内のアマチュアだけで議論していると、「手を抜いていいこと」の判断はつけられません。**

そうなると「念のため」これもやっておいたほうがいい、「いちおう」この書類もつくっておこう、となっていくわけです。

外部のプロに「手を抜いてよいこと」を教えてもらう、ということに手を抜き、なんでも**内部メンバーの自前ですまそうとする。だから「正しい手抜き」ができない。**

これは日本オフィスのメンバーシップ型雇用の弊害の1つであり、内部統制の演技のいきすぎの原因となりました。この問題は、日本の家電製品が過剰品質（オーバースペック）で外国製品に駆逐された歴史にもつながります。

内部統制担当者もじつは効率化を求めている

内部統制の担当者たち自身も、社内から面倒くさがられたり、悪者扱いされたりする状況に、ほとほと嫌気がさしていることがあります。

ぜひ経営者自身がしっかりと彼らに向き合い、対話してみてください。

「時短改革が円滑に進んでいないことが、われわれコンプラ部のせいにされています」というような苦しい状況を口々に訴えてくることもあります。

内部統制の担当者からは、「このルールはいきすぎです」「われわれはこんなことまでは求めていません」と能動的に発言することは、まずできません。

やはり現場から**「時短のために、このプロセスを簡略化してはいけないのか?」「あれは作業ごとやめてもいいのではないか?」**という声があがってくるのを待つしかないわけです。

ですから、経営者自ら、外部の専門家と組んで内部統制チームの背中を押してあげてください。

内部統制チームから現場に、

「問題がないものについては『問題がない』と言います。われわれも時短改革したい気持ちは同じです！　怖がらずに（笑）相談してください」

と声掛けするだけで、現場の顔つきが変わります。「何かを変えようとすると、内部統制という化け物に捕まって喰われるのではないか」という恐怖感を取り除くだけで、いろいろな提案が社内から出てくるようになります。

内部統制という永久凍土によってコチコチに凝り固まった組織は、最初の種火をつける人物が必要です。**その役目に外部の専門家を活用する**のは、かなり有効な手段です。

「噴水型稟議システム」

内部統制を踏まえた「手抜き」の例を挙げましょう。**「噴水型稟議システム」**です。

通常の稟議フローは「担当者が起案→中間管理者が承認→全体管理者が承認（決裁完了）」のように、役職階層の順番に下から上へと承認を行います。

1つの部署ですむならこれでもよいのですが、複数部署がからむとなると、

決裁完了

E部署担当者が確認→E部署中間管理者が承認→E部署全体管理者が承認→

B部署担当者が確認→B部署中間管理者が承認→B部署全体管理者が承認→……

A部署担当者が起案→A部署中間管理者が承認→A部署全体管理者が承認→

と、文字どおり「長蛇」となることがあります。

たとえばA部署が現業チーム、BやCやDが管理チーム（総務・IT・経理）、Eが内部統制チーム、のような具合です。

この長蛇の稟議フローには、長所が1つもありません。

まず、**とにかく時間がかかります**。

B部署で滞ると、その先のC・D・E部署には稟議が届かない。承認を滞らせる管理職

の方（溜める方）はブラックリスト化されていたりしますが、それでその方が降格されることはまずありません。

日本のオフィスは経営から放置されているので、**事務を滞らせる「くらいのこと」では評価に響かない**のです。そうやってブラック幹部たちが、長年野放しになってきました。


もう1つの大欠点は、仮に**1つの部署で差し戻しにすると、また全工程をやり直さないといけない**ことです。

そこでA・B・C・D・E部署の担当者たちは、途中で自分の上司が差し戻すことがないように、**あらかじめ5人で集まって不備をつぶす**わけです。全部署の担当者レベルでOKとなって初めて、Aが稟議を長蛇ワークフローに乗せるのです。

それを知っているからこそ、それぞれの部署の管理者は「ノールック」で承認していくわけです。


こういう実態であるなら、もはや**Aの担当者は長蛇の単線ルートに稟議を乗せる意味がありません。**

Aの担当者は、「B・C・D・Eの担当レベルでの確認済みです」と明示して、**いっせ**

いにＡＢＣＤＥすべての管理者に稟議を発射すればよいわけです。

「3営業日オプトアウト（自動承認）」のすすめ

この「噴水型稟議システム」は、起案者から承認が必要な先へいっせいに稟議を上げるやり方です。これをさらに有効にするための工夫として、**「3営業日オプトアウト型」**がおすすめです。

・オプトイン型：承認者が、ハンコを捺す・サインする・ボタンを押すなど「承認する」という行動をすると、そこで初めて承認される
・オプトアウト型：承認者が、却下する・差し戻すなど「承認しない」という行動をとらないかぎり、承認したとみなされる（自動承認）

つまり「3営業日オプトアウト」とは、A担当者から承認者たちに、噴水のようにいっせいに稟議が上がってから**3営業日以内に「却下」「差し戻し」をしないかぎり、彼らは承認したものとみなされて、以降その承認責任を負う**、という仕組みです。

言うまでもなく、世の中の承認プロセスはオプトイン型です。だから、誰か1人事務作業が遅い承認者がいるだけで、全体が渋滞します。さらに大組織では十数個のハンコをもらわなければなりません。

アメリカ生まれの内部統制の基本中の基本は、申請者と承認者を分けることです。その前提は、**承認者は承認・不承認を即断即決できるだけの教育と訓練を受けているはず**、ということです。

そういう訓練を受けた証しが「MBA」などの資格であったわけです。この意味で米欧企業は「資格社会」なのです。有資格者が若くしてマネージャーやエグゼクティブに就任する一方、資格がない方が叩きあげで昇格していくのは困難と言われています。

これに対して多くの日本の伝統的なオフィスでは、**終身雇用のもと年功序列で順繰りに「承認者」になります**。厳しい昇任試験を課す企業は少数で、せいぜい「マネージャー研修合宿」に5日間くらい参加させるだけの企業がほとんどです。

ぼう大な稟議の中身をいちいち検分する能力は、もともと要求されていません。目を皿のようにしてチェックしないといけないような稟議が上がってくることも想定されていません。

なぜなら、終身雇用のもとで「裏切ることができない」メンバーしかいないはずだからです。**承認者に求められるのは、稟議1件ごとを審査できる眼力ではなく、メンバーの中に突然変異して「裏切ってもかまわない」という態度をとる者が出ないようにする、ムラの安心維持能力**です。

だからこそ、稟議1つひとつを見ることなくハンコを捺す。部下に捺印作業を代行させる方すら珍しくないのです。

このような現実をきちんと踏まえたうえで、**「噴水型・3営業日オプトアウト稟議システム」を検討していただきたい**のです。

「噴水型」はプロを見分けるフィルターになる

噴水型には、内部統制上の問題は何もありません。稟議を「噴水型」に替えたらどうなる？　と、部下のみなさんに提案してみてください。

これが、**内部統制を理解しているかどうかを見分けるフィルター**になります。内部統制をご存じないままに内部統制を畏れる方をあぶりだせるのです。そういった方は、的外れな理由を並べて反対なさいますから、すぐわかります。

「見逃してしまって、承認されたとみなされるのは困る」

「稟議を全件きっちり見なきゃいけないとでも言うのか」

このような方々が「偉い人」として取引先にあなたの会社の名刺を切り、社員の上に君臨していることを、今後永久に許すかどうか。これは、**時短改革から始まる改革の道のりを進むためには、避けて通れない問題**です。

逆に、噴水型を提案することで、すばらしい幹部の方を発掘できるかもしれません。

「自分はこれまでも全件しっかり検討し、是々非々で判断してきた。それを馬鹿にするのですか」

そう言ってかみついてくる方がおられたら、その方は**今後の貴社の内部統制システムを「本当に意味がある」ものに再生するために必要な人材**かもしれません。ぜひその方と膝詰めでじっくり話し合ってみてください。

時短改革に取り組むことで、会社を凍らせている「内部統制の魔法」をときましょう。

それが、**企業が本来もっていた力を引き出す第一歩**でもあるのです。

鉄則8　「内部統制」という言い訳を封じよう　ポイント

①日本に内部統制が導入されて15年がたち、ムダな書類仕事が増加してしまった

②本来の内部統制の背景は、ヒトは性善でも性悪でもなく「性弱」であり、条件が揃えば悪事に手を染めてしまうという自覚

③「噴水型稟議システム」は、管理職が内部統制を熟知しているかのテストにも有効

おわりに　《鬼時短》の向こう側にある世界

ここまで本書をお読みくださり、本当にありがとうございました。

タイトルの「鬼」には**「ものすごい」「圧倒的な」「超人的な」**という意味もあります。「鬼のような時短」は、冒頭に書いたとおり、単なるノウハウで達成できることではありません。しかし、だからといって、非常に才能に恵まれた人たちの集団でなければできない取り組みというわけでもない。

「ウチには、時短プロジェクトを推進できる人材なんかいない」

そういう言い訳の前に、トップであるあなたがやるべきことは、**「改革の鬼」と化した自分の姿をメンバーに見せること**です。

この時短改革だけは何がなんでもやり遂げる！

いままでのように現場におもねり、時短すらできないようでは、その先の事業改革も企業改革もできるはずがない！

改革できなければ、既存の「改革絶対反対メンバー」たちとともに衰退していくだけである。そういう会社の社長として終わるのは、絶対にいやだ！

そういう「私欲」に燃えた「鬼」となれば、もはや社員のみなさんも、また社長がいままでのような「ウソでまみれたキレイごと」を繰り返してるよ、などとは思わなくなるはずです。

そうです、本書で繰り返し何度も申し上げたことは、

「時短改革に名を借りて、一度、あなたのウソ偽りのない経営を社員に見せてみましょう」

ということに尽きるのです。

「ウソ」がかならずバレる時代の経営

時代は変わりました。これまではウソの経営はある意味「必要悪」だったかもしれませんが、これからはかならずバレて、衆目にさらされます。

内部や取引先、さらに一般市民からの告発が、SNSなどであっという間に拡がる。転職・就職を目指す若い人材たちの間で、ウソにまみれた経営の姿は、それこそ**「鬼のような勢いで」**周知されていく。

逆に、**経営陣が「真っ正直」だ、というよい評判も拡散します。**とにかく社員にも取引先にも顧客にも、株主や債権者にも、そして自治体や政府にも、けっしてウソをつかないことを社是として経営している。そういう姿勢もかならず伝わる世の中になりました。

これはまさに、渋沢栄一さんが『論語と算盤』で説いたことが、本当に実現しようとしているということです。

あるいは、ここ10年のことで言えば、東京証券取引所「コーポレートガバナンス・コード」、金融庁「日本版スチュワードシップ・コード（『責任ある機関投資家』の諸原則）」、そして経済産業省「伊藤レポート」「人材版伊藤レポート」で説かれたように、日本の産業界は**まっとうなガバナンスができる企業が厳しく選択され、そこにマネーとヒトが集中するように変貌しつつある、**ということです。

法人も個人も、**「善い人」「倫理的であること」が、結局いちばんコストがかからない。**費用もそうですし、資本コストも同様です。

逆に「悪い」「倫理的でない」とネット上で烙印を押されてしまうと、とんでもないツケを払わなければならない。

経営や投資のことに詳しくない方々にも「あの会社は正直で倫理的な経営を徹底している」と思われるように、失敗や不始末を、隠蔽せずに透明に開示する。不格好で不器用だろうと、「ウソつき」「不実」とレッテルを貼られるよりはずっとマシ。

つまり、いま産業界で始まったのは、たんなる人材不足ではない。

空前の「反・ブラック社会」「ホワイトネス至上社会」が到来したということです。

そんないまだからこそ、トップのあなたが、**ご自身の「正直でホワイトな私欲」として、**

いままでの伝統的経営を自己批判する最大の好機でもある。そしてもしかしたら、最後のチャンスかもしれません。

ただし、いくらなんでも突然に過去を否定するのは唐突すぎる。

そこで、**最良の「方便」が、《鬼時短》**なのです！

「ホワイトネス経営」において時短は義務である

いま日本企業の経営層に多い50～60代の方々のほとんどは、戦後の労働争議による激しいストライキや経営者のつるし上げを直にご存じありません。

労使協調の旗の下で、つい10年ほど前までは会社に雇用されることに疑いをもたず、組織に尽くすことで個人としての働きがいや生きがいを感じてきた世代です。

1人の社員、つまり被雇用者の立場でありながら「ウチの会社をよくしたい」といって献身する人も少なくないはずです。

しかし、労働需給が逼迫している昨今では、どの業界、どの会社でも人手が足りません。

ブルシット・ジョブに割く人員も時間もないでしょう。

ＣｈａｔＧＰＴなど生成ＡＩの本格導入によって、少ない人数と労働時間で業務が回るようになるなら、それに越したことはありません。経営者としては、先に紹介した**ＲＰＡなどと組み合わせて、ＡＩによる自動化に投資しないという選択肢はもはやあり得ない**でしょう。

本書で何度も繰り返し説明してきたように、そもそも時短は、《現場》の社員の知恵に甘えて実現するものではありません。**経営者が社員に対する「義務」もしくは「待遇」として、時短のしくみを準備して提供すべき**です。

しかし、それだけでは足りません。労働市場で少しでもよい人材から選ばれる企業になるためには、**ホワイトネスな企業姿勢をアピールすることが絶対に必要**です。

これまでのように、「時短しろ」「おまえらのムダをリストアップしろ」と現場に丸投げする経営は、いまやそれだけでブラックなのです。もはやホワイトとは言えないのです。

これまでの姿勢を改める**「脱・傲慢経営」**の意思を内外に示すこと。それが、時短から始まるホワイトネス改革の第一歩です。

「私たちはこれまで何もわかっていなかった。申し訳ない」

「これからは、経験だけではなく、客観的なデータも駆使して総合的に判断し、社員や取引先のみなさんの力を最大限引き出すように努める」

トップが現場に対して、このように謙虚な姿勢で頭を下げるところから、**経営を真っ白に洗いなおしましょう**。

「日本を今一度せんたく（洗濯）いたし申候」

坂本龍馬はそう神に祈る思いを、姉への手紙にしたためました。

経営者のみなさんが、**《鬼時短》を手始めに会社を「せんたく」する絶好の機会が、まさに2024年のいま**なのです。

献辞

電通の労働環境改革にたずさわったすべてのみなさんに心から敬意を表し、当時のご指導・ご鞭撻に深くお礼申し上げます。多くの方々が現在も電通はじめ各企業に勤務しておられるため、山本敏博元社長以外の方々のご実名は伏せさせていただいたことをお許しください。

また、独立後にコンサルタントとして課題を与えてくださった企業経営者のみなさまにも感謝いたします。コロナ禍をむしろ好機として改革に取り組む英断をされる経営者さんたちのお姿に、「ホワイトで正直な私欲」とはこういうものだ、と教えていただきました。

現在私が代表を務める「ＡＢ社（株式会社 Augmentation Bridge）」で苦楽を共にしてくれている阿部満さん、植松織江さん、そして仲野くみこさん、本書の作成にあたってほんとうにご苦労をおかけしました。あらためてお礼を申し上げます。

最後に、亡父・晟に本書を捧げます。プロフェッショナルな銀行員として得意先経営者の伴走パートナーに徹した父は、私が幼いころから「企業の生産性とは何か」「工場の品質管理とは何か」「まっとうな経営とは何か」など、生きた経営学をおりおりに語ってくれました。

父は平成の最後の週に亡くなりましたが、私は、彼が令和の日本に転生したと信じています。前世での早熟な異才ぶりがさらにバージョンアップした少年か少女は、近い未来に本書を手に取り、きっと「せんたく」の意欲を燃やしてくれることでしょう。

5．浮き彫りになる障害を取り除く	内部統制チームからも「改革に賛成」とのメッセージを出してもらう。誤った内部統制の知識を言い訳に抵抗する社員には、内部統制チームとともに対応する。内部統制チームへの外部アドバイザーを強化するのもよい（鉄則 8）	
6．小さな成功を社員に体感してもらう	早期に効果が出る施策を優先的に社員に体感してもらう。そのためのコストがかさんでも、それは改革をスムーズに立ち上げるための必要な投資である（鉄則 7）	④
	改革の KPI は極力小さく分解し、1 つひとつの段階はわずかな努力で達成できるように設計する（鉄則 7）	
	改革の KPI を全社や部門内で一律にするのは極力避ける。とくに改革のために何かを削減する場合「一律○％削減」のような目標設定は下策となることが多い（鉄則 7）	
7．改革を徐々に加速し続ける	社内業務は、 1. AI & RPA などによる自動化や、アウトソーシングできないか 2. 工程をなくす・統合する・簡素化することはできないか 3. その業務そのものをなくせないか の順に検討する（鉄則 5）	
	社外との協働業務は、 1. その業務そのものをなくせないか 2. 自動化やアウトソーシングできないか の順に検討する（鉄則 5）	
8．変化した「働かせ方」を定着させる	ミスを減らすことは最良の時短策であるが、「ミス発生後の処理の時短」が先。それができたらミスそのものの撲滅にとりくむ（鉄則 5）	
	日本人が好きな「根拠なき性善説」を徹底排除し、すべての業務にミスの可能性がある前提でチェック体制を敷くとともに、「ミスが発覚しても恥ずかしくない」「ミスを早期発見し会社に報告できたことは良い」という風土を作る（鉄則 5）	
	社内稟議フローを「噴水型」に変えることを発議する（鉄則 8）	

iii　「ジョン・P・コッターの変革の８段階」による「鬼時短」の整理

4．社員へ協力をお願いする	時短改革の際は、人件費削減のためではないことを強調し、残業代の減少分は賞与等で還元することなどを約束する（鉄則2）	②
	メッセージのNGワード 1．具体的な施策は社員が自分で考えろ 2．いろいろ問題は起きるだろうが、とにかくうまくやれ 3．困難なのはわかっている、そこを何とかするのが社員の仕事だ（鉄則1）	②
	時短にともなう取引先とのトラブルはすべて自分が引き受け、けっして「うまくやっておけ」とは言わないと社員に約束する（鉄則5）	②
	現場の「主」たちと自ら直接会談する。その際にけっして「会社側に立って社員たちをまとめてほしい」などと依頼しない（鉄則3）	②
	部署ごとに説明会を開催してもらい、極力自分で説明する。代役は慎重に選ぶ。質疑応答の時間が6割になるように説明は簡潔に（鉄則3）	②
	施策の前提として、全社員に「業務の工程ごとの所要時間把握」をお願いする。基本精神は「現場のすべてを肯定する」「ムダな業務があるならそれは経営の責任」。まちがっても「自分たちでムダな業務をあぶりだせ」などと失言しないように（鉄則4）	③
5．浮き彫りになる障害を取り除く	これまで（会社がおしつけるムダにもくじけず）現場を支えてきたという社員たちの責任と気概を心から尊重し、けっして否定しない（鉄則2）	④
	改革にすべての役員・社員がついてくることはできないとあらかじめ覚悟を決めておき、早期退職勧奨プランなどの策定を並行して開始する（鉄則1）	④
	役員・幹部レベルの面従腹背に、断固とした対応を取る。社員にも幹部の面従腹背は内部通報を呼びかける（鉄則1）	④
	「パソコン操作が苦手だから、ほかの理由をでっちあげてDXに抵抗する」というような社員が少なくないことを忘れない。改革についてくる意欲がある社員に恥をかかせない施策を提供する（鉄則2）	④
	改革によって一時的に増加するミスの責任はすべて会社が負う（ただし隠蔽をやめてすぐに会社に報告すれば）と社員に繰り返し約束し、ミス通報のしくみを提供する（鉄則5）	④

「ジョン・P・コッターの変革の8段階」による「鬼時短」の整理

企業や組織の変革（時短改革にかぎりません）は、いくつかのステップを着実に踏みながら進めなければなりません。

チェンジマネジメントの権威である、米ハーバード・ビジネス・スクールのジョン・P・コッター名誉教授が提唱する「The Eight Accelerators 変革の8段階」に沿って、本書で説いた「トップがやるべきこと」を整理します（コッターの8段階の日本語訳は小柳による）。

改革の時間軸は企業によってさまざまであるべきですが、おおよそ①②③にそれぞれ2カ月をかけ（合わせて半年）、④にもう半年、計1年でコッターの6段階目に達することを目安にしてください。

コッターの変革の8段階	「鬼時短」の鉄則	
1．全社員に危機感と切迫感を訴える	「心の底からの私欲」を自分の言葉で訴える（鉄則1）	①
	あらゆる機会を通じて一貫したメッセージを繰り返す（鉄則1）	①
2．強力な「改革推進チーム」を組成する	積極的に手を挙げてくる社員を無条件にチームに入れない（鉄則3）	①
3．「改革推進チーム」で変革のビジョンを策定し、やるべきこと・やらないことの優先順位をつける	自らは改革のビジョンをしっかり持つ。それを「改革推進チーム」とは共有してもよい。しかし社員に向けて改革の「本質的価値」を語るのは控えめにする（鉄則6）	①
	アメリカ式に自社をトランスフォーム（根底から変革）するより、自社の既存の強みを拡張することを考える（鉄則6）	①
4．社員へ協力をお願いする	メッセージのポイントは3つ 1．具体的な施策をトップダウンで掲示することを約束する 2．その施策には社員の過度な努力を必要としないことも約束する 3．改革はトップダウンで進めるが、その期間は限定的（たとえば2年間）であることも約束する（鉄則1）	②
	面従腹背だけはやめてほしいと訴える（鉄則1）	②
	社員の抵抗は甘えや雇われ人根性のためだという自らの短絡的な発想を厳しく戒める（鉄則2）	②

【著者紹介】

小柳はじめ（こやなぎ　はじめ）

Augmentation Bridge（AB社）代表、元電通「労働環境改革本部」室長。

1965年生まれ、東京大学法学部卒業。1988年電通入社。電通勤務の最後、2016年から18年まで、社長特命により電通自身の「労働環境改革」にたずさわる。全社の労働時間の大幅短縮を達成し、残業時間を60%削減した。削減時間は全社で1カ月当たり10万時間超に及ぶ。

2019年、53歳で電通を早期退職し独立。AB社代表として、数多くの企業に時短・業務改革の支援を続けている。

鬼時短
電通で「残業60%減、成果はアップ」を実現した8鉄則

2024年3月12日発行

著　者――小柳はじめ
発行者――田北浩章
発行所――東洋経済新報社
〒103-8345　東京都中央区日本橋本石町 1-2-1
電話＝東洋経済コールセンター　03(6386)1040
https://toyokeizai.net/

装　丁…………渡邊民人（TYPEFACE）
D T P…………キャップス
帯イラスト………あべたみお
印　刷…………ベクトル印刷
製　本…………ナショナル製本
著者エージェント…アップルシード・エージェンシー（https://www.appleseed.co.jp/）
編集協力………SUE
編集担当………桑原哲也
　Printed in Japan　ISBN 978-4-492-55832-4